# 1分間
# 菜根譚

Caigentan
Hong Zicheng

*

齋藤孝
監修

# まえがき

処世訓の最高傑作の一つといわれる『菜根譚《さいこんたん》』は、中国明《みん》代（一三六八～一六四四）末期に、洪自誠《こうじせい》（洪応明《おうめい》）によって書かれた前集二百二十二条、後集百三十五条、合わせて三百五十七条の短文からなる書です。

日本では江戸末期の一八二二年に刊行され、以来、数多くの人に読まれ続けています。とりわけ経営者や政治家といった各界のリーダーや、また禅僧にも熱心な読者が少なくありません。

『菜根譚』というタイトルは、宋《そう》代の儒者《じゅしゃ》・汪信民《おうしんみん》の「人は常に菜根を咬《か》み得ば、則《すなわ》ち百事做《な》すべし」という言葉に由来しています。「菜根」とは、文字通り野菜の根のことです。堅く筋張っていて、食べてすぐにおいしいと感じるものではありません。しかし、それでもじっくりと噛み続けていると、なんともいえない深い味わいが出てくるものです。そこから、どんな境遇にあっても諦めず、労苦辛酸《しんさん》に耐えてこそ、人生の滋味がわかるということを表しています。また、菜根をよく噛むような生き方をすれば多くのことを成し遂げられるという意味でもあります。洪自誠の人生観を象徴した言葉だといえるでしょう。

なお、「譚」は「談」と同じ意味です。

洪自誠は、儒教をベースに、仏教、道教の三つを修める「三教兼修」の人物でした。『菜根譚』には、三教の考え方がほどよくミックスされています。仏教の中ではことに禅に親しんでいたようです。

ただし、洪自誠自身がいつ、どこで生まれ、どのような生き方をし、いつ没したのかといった経歴については、よくわかっていません。詳しい記録が残っていないのです。『菜根譚』の研究者たちによると、若い頃から儒家として学問を学び、その後、政府の官僚になったものの、なんらかの事情によって官職を去り、以後は自分の生地に帰って、故郷の人たちと交流をしながら『菜根譚』を書き上げたのではないか、と推測されています。

この推測からもわかるように、『菜根譚』は、よくある成功者の「こうすれば人生はうまくいく」的なハウツー書ではありません。かといって、失敗続きだった自分をはかなみ、恨み節《ぶし》によって人生の真実を描こうとする「これだけはしてはいけないよ」的な警告の書でもありません。

洪自誠は、もっとバランスの取れた人物だったと考えられます。官僚に登用されるほどの教養人ですし、『菜根譚』の題詞《だいし》（巻頭言）を書いた于孔兼《うこうけん》といった良友にも恵まれていました。官僚として精力的に働いたでしょうし、それに伴い苦労もしたに違いありません。官職を去る前後は相当のストレスに見舞われたものの、故郷では一転して、悠々自適の毎日を楽しんだと想像されます。

そういう酸《す》いも甘いも噛み分けた人物が、誰もが人生で遭遇するであろうさまざまな出来事について、「どう考えるか」「どう処するか」「どう乗り越えるか」を冷静に綴ったのが『菜根譚』だといえます。

中でも特徴的なのが「中庸《ちゅうよう》」の勧めです。

とかく処世の書は、「かくあるべし」「かくあらざるべし」と主張が偏《かたよ》る傾向がありますが、洪自誠は「世俗に染まり過ぎてもダメだし、世捨て人になってもダメだ」というようにバランスの取れた生き方をしきりに説いています。動と静、俗と雅、理と非といった要素の中道《ちゅうどう》が好ましいとしているのです。

それを表現するために、二つの文の表現や意味が対称をなす「対句《ついく》」の形が多用され、それが『菜根譚』に文学的な深みも与えています。

はたして洪自誠が実際に中庸の人生を生きられたかどうかは、確かめる術《すべ》がありません。しかし、洪自誠の「中庸でありたい」という強い思いは、『菜根譚』から痛切に伝わってくるのです。

『菜根譚』のもう一つの特徴は、市井《しせい》の人々を対象に書かれていることです。

中国には『論語』『老子』『孫子』などたくさんの古典がありますが、それらの多くは政治家や思想家、君主といった知識層を念頭に書かれたものだといっていいでしょう。それに対し、『菜根譚』は、庶民を含む広範な人々に「いかに生きるか」を説いているのです。

そのような大衆書が明代に生まれたのには、二つの理由があります。

一つは、印刷製本技術が広く浸透し、一部の知識層だけのものだった書物が一般大衆に読まれるようになったことです。実際、この時代には『三国志演義』『水滸伝《すいこでん》』『西遊記』など、私たちになじみ深い本がたくさん誕生しています。

もう一つは、明代も末期に入ると政治が大いに乱れ、人心が不安に陥ったためです。多くの人々が、生きる指針を必要としていたのです。

ひるがえって見ると、日本の今も、生きる指針が必要なのかもしれません。若い人にとっては未来を描きにくい世界的な激動の時代であり、熟年層にとっては「人生百年時代」という、これまた先が見えにくい未経験ゾーンとなっています。

そんな時代だからこそ、『菜根譚』を、タイトルの意味を噛みしめながら味読《みどく》したいものです。どんな境遇にあっても決して諦めず、労苦辛酸に耐えて努力を続けた先には心豊かな人生があるという洪自誠の言葉を信じることで、人生はきっと、より輝かしいものになるはずです。

# 目次

# 2 相手がどうであれ誠実に対せ

# 3 度を越すとすべてが悪徳になる



# 4 部下は支配するより支えて動かす

# 5 手抜きをしたい自分と戦え

## 6 「明日やる」の明日は永遠に来ない



## 7 無欲な者が最も豊かである

# 8 生涯現役なら老後はない

## 9 利得の人より有徳の人になれ

# 1

# 逆境で成長する人が成功する

01

逆境にあって
成長する人が
成功するのである。

逆境に陥ると、あまりのつらさに悲観的になりがちです。しかし、そんな時こそ、「もうダメ」「やめたい」と投げ出さず、「今は自分を磨くチャンスなんだ」と前向きにとらえることが大切です。

『菜根譚』はこう説いています。

「人間、逆境にある時は、身のまわりのすべてのことが、鍼《はり》や薬で、それで節操を研《と》ぎ行いを磨いているのであるが、しかも本人はそれを知らずにいる」

あるチェーン店の経営者が、店長たちに自分の成長グラフを描かせ、一方で経営者から見た彼らの成長グラフも描いてみました。すると、両者はみごとに逆向きのカーブになったといいます。

店長たち自身は、仕事で悩み売上低下で苦しんだ時を「下向き」に描きました。しかし、経営者の客観的な視点では、その時期こそ、店長たちが大きな壁を乗り越えようと頑張る「上向き」の成長期だったのです。

一方、仕事も売上も順調な時を店長たちは上向きに描きましたが、経営者の視点では、彼らはその時期さほど成長していなかったのです。

original

逆境の中に
居《お》らば、周身、
皆鍼砭薬石《しんぺんやくせき》にして、
節《せつ》を砥《と》ぎ
行《こう》を礪《みが》きて、
而《しか》も覚《さと》らず。

（前集九九）

『菜根譚』はこう続けています。「(これに反し)、順境にある時は、目の前のすべてのことが、刃や戈《ほこ》で、それで肉を溶かし骨を削っているのであるが、しかも本人はそれを知らずにいる」と。

順境の時ほど慢心を恐れ、逆境に備えることになります。

02

# 目先の「得」より、長期の「徳」を優先すべきだ。

『菜根譚』の著者・洪自誠《こうじせい》の出身地や経歴などについての確かな文献は残っていません。

儒家《じゅか》として学問を学び、一時期官職についたものの、なんらかの事情で退き、故郷に隠遁《いんとん》して自らの経験や見聞を元に『菜根譚』を書いたと推測されています。その推測を裏づける言葉が、『菜根譚』の冒頭のこの一節です。

「人生に処して、真理をすみかとして守り抜く者は、往々、一時的に不遇で寂しい境遇に陥ることがある。（これに反し）、権勢におもねりへつらう者は、一時的には栄達するが、結局は、永遠に寂しくいたましい」

ここに洪自誠の生き方が集約されているといわれています。

original

道徳に
棲守《せいしゅ》する者は、
一時に寂寞《せきばく》たり。
権勢に
依阿《いあ》する者は、
万古《ばんこ》に凄涼《せいりょう》たり。
（前集一）

たいていの人は不遇より栄達が、貧しさより豊かさが幸福への道だと考えます。しかし、その代償として自らが正しいと信じるものを捨て、権威や権力にこびへつらうとしたら、果たしてどうでしょうか。悪魔に魂を売るような行為に対して、洪自誠は「ノー」を突きつけ、こう続けています。「達人は常に世俗を越えて真実なるものを見つめ、死後の生命に思いを致す。そこで人間としては、むしろ一時的に不遇で寂しい境遇に陥っても真理を守り抜くべきであって、永遠に寂しくいたましい権勢におもねる態度を取るべきではない」と。

人生は選択の連続です。しっかりした自分の指針を持つことが大切です。

03

焦るな。
深く膝を屈すれば、
高く跳躍できる。

「三年鳴かず飛ばず」という言葉があります。由来は中国春秋時代の楚《そ》の荘王《そうおう》です。荘王は即位後三年間も政務を放置し淫楽《いんらく》にふけりましたが、それは愚者を装いながら、家臣を見きわめるためでした。三年後、荘王は誠実で優秀な家臣たちを登用し、不実な矮臣《ねいしん》は追放することで国力を一気に高めたのでした。

つまり「三年鳴かず飛ばず」は、パッとしないという意味だけではなく、機会を待って長く雌伏《しふく》した人は、いざ飛び立てば大活躍するという意味です。

『菜根譚』はこんな故事も踏まえ、逆境に焦らず自分を磨く重要性をこう説いています。

「鳥の中でも長く伏せていて力を養っていたものは、いったん飛び上がると、必ず外《ほか》の鳥よりも高く飛び、また、花の中でも早く花開いたものは、必ず外の花よりも早く散る。この道理をわきまえておれば、中途で足場を失ってよろめく心配を免れることもでき、また、成功を焦る気持ちを消すこともできる」

original

伏すこと久しきものは、
飛ぶこと必ず高く、
開くこと先なるものは、
謝すること独《ひと》り早し。
此《こ》れを知らば、
以《もっ》て蹭蹬《そうとう》の憂いを
免《まぬが》るべく、以て
躁急《そうきゅう》の念を消すべし。
（後集七七）

元伊藤忠商事社長で中国大使も務めた丹羽宇《にわう》一郎《いちろう》氏は、入社当時は会社を辞めることさえ考えた自らの苦闘の経験から、こう言っています。「サラリーマンの実力は、同じペースで伸びるのではなく、努力を続けて、ある日、飛躍するものなんです。サラリーマンは、飛躍の日まで絶対に諦めてはいけません」と。

04

# 忍耐を重ねてこそ、念願はかなうのだ。

耐えることの大切さを『菜根譚』は、「山に登ったならば険しい坂道でも辛抱して耐えて進み、雪を踏んで行ったならば危い橋でも辛抱して耐えて進め」という古語を引用して、こう説いています。

「この『耐』の一字がきわめて大切である。世上の険しい人情の坂路や、行き悩む不遇な境遇で、とりわけ、この『耐』の一字を大事な支えとしなければ、どれだけ多くの者が、藪《やぶ》や穴の中に落ち込まないであろうか。たいていは落ち込んでしまう」

つらい時はどうしても立ち止まったり、諦めて引き返したくなりがちですが、そんな時こそじっと耐え、一歩ずつ進み続けることで道は開けてくるのです。

徳川家康は「人の一生は重き荷を背負うて遠き道を行くが如《ごと》し」という言葉を好んだといわれています。人は、耐える、我慢する時期を経て初めて何かを成し遂げられるのです。

これと同じ意味のことをアップル創業者スティーブ・ジョブズは「我慢さえできれば、うまくいったも同然なんだ」と言っています。

我慢という言葉は家康には似合っても、ジョブズには不似合いに感じます。しかし、ジョブズは頻繁に「我慢」と言っています。我慢こそが、世界に革命を起こすほどの新製品を生み出す秘訣だったのです。

original

一の耐《たい》の字、
きわめて意味あり。
傾険《けいけん》の人情、
坎坷《かんか》の世道の如《ごと》き、
若《も》し一の耐の字を得て
撐持《とうじ》し過ぎ去らざれば、
幾何《いくばく》か榛莽坑塹《しんぼうこうざん》に
堕入《だにゅう》せざらんや。

（前集一七九）

05

失意にも救いがあり、
得意には悲哀が待つ。
得失は結局同じだ。

「人間万事塞翁《さいおう》が馬」という諺《ことわざ》があります。いいことがあって喜んでいると、いいことが原因で悪いことが起きたりする。それを悲しんでいると、悪いことが原因でいいことが起きたりする。そのように人生の幸不幸、喜怒や哀楽は表裏一体であり、転変きわまりないという意味です。

『菜根譚』はこうした「幸せの中の不幸」「不幸の中の幸せ」に、しばしば言《げん》及《きゅう》しています。その一つが本項の前集五八です。

「一所懸命に苦心している中に、とかく心を喜ばせることがあるものだ。（これに反し）、望みを遂げた得意の時に、すぐもう、ままならぬ悲しみが生じてくるものだ」

original

苦心の中《うち》に、常に心を悦《よろこ》ばしむるの趣《おもむき》を得。得意の時に、便《すなわ》ち失意の悲しみを生ず。（前集五八）

また、後集一二〇でも概略こう述べています。「子供が生まれる時は母親の命の危機だし、お金がたくさん貯まると盗人に狙われる。このように、どんな喜び事も心配の種《たね》になる。一方、貧乏だと倹約するようになるし、病気になると体を大切にするようになる。このように、どんな心配事も喜びの種になる」と。

つまり、目先の出来事に一喜一憂するのでなく、人生を長い目でトータルに見ることが幸せに生きる秘訣であるというわけです。

たとえば「なぜ自分ばかりがこんな苦労をするのか」と嘆かず、「苦労の末に得るものは大きいはずだ」と希望を持てば、苦しさはずっと軽減されるはずです。

06

# 困難と思うと
# ストレスになり、
# 鍛練と思うと
# 救いになる。

『菜根譚』は、人は厳しく鍛錬されてこそ大成するが、その鍛錬に必要なのが逆境や困難だと、こう説いています。

「逆境や困窮の労苦こそ、ひとかどの人物を焼き鍛えるための一組の溶鉱炉のようなものである。その鍛錬をよく受けおおせれば、身心の両面に益があるし、受け損じると、身心の両面に損を受けて、出来損ないになってしまう」

確かに、成功企業の創業者の多くは若い頃に逆境や困難を経験しているものです。あらゆる成功には壁を乗り越えることが必要なことは誰もが知る経験則でしょう。

しかし、できれば逆境や困難は避けたいというのもまた、誰もが思うことですし、中には逆境や困難に負けてしまう人も少なくありません。だから、前集八四では、概略こう励ましています。「あばら家でもきれいに庭を掃除し、貧しい女でもきれいに髪をとかしておれば、あでやかに美しいとはいえないまでも、品格は自然に得てくるものだ。それを見習って、困窮の憂いや失意の悲しみに落ちた時でも、すぐに自分から投げやりにならないことが大切だ」と。

逆境や困難は、後で振り返れば「あれがあったから今がある」と思えますが、渦中にいる間は逃げ出したくなるものです。そんな時、試練は自分を鍛える溶鉱炉だと考えることで忍耐力を保ちましょう。

original

横逆《おうぎゃく》困窮は、是《こ》れ豪傑を煆煉《かれん》するの一副の鑪《ろ》錘《すい》なり。能《よ》く其《そ》の煆煉を受くれば、則《すなわ》ち身心交《こもご》も益し、其の煆煉を受けざれば、則ち身心交も損す。

（前集一二七）

07

順境の時は「そろそろ」が大事。
逆境の時は「まだまだ」が大事。

物事の衰えは絶頂の時にきざし、次なる上昇への芽は絶不調の時に生まれるというのが『菜根譚』の考え方です。前集一一七で、概略このように説いています。「物事の衰えるきざしは、最も盛んで隆々たる時に始まり、新しい芽生えの働きは、葉の落ち尽くした時に起きている」と。

絶頂の時には「そろそろ何かが起きるぞ」と災難に備える心構えが必要であり、状況の悪い時には「まだまだ諦めるには早すぎる」と耐えて飛躍を準備すべきです。

本項の前集一〇は、さらに具体的に、こう説いています。「恩情の厚い時に、昔から、ややもすれば思わぬ災害を生ずることが多い。それゆえに、恩情が厚くて得意な境遇の時に、早く反省して後々の覚悟をしておくがよい。また物事は失敗した後に、かえって成功の機をつかむことが多い。それゆえに、失敗して思うに任せぬ時こそ、手を放し投げ出してしまってはならない」

original

恩裡《おんり》に由来《ゆらい》害を生ず。
故《ゆえ》に快意の時、須《すべか》らく
早く頭《こうべ》を回《めぐ》らすべし。
敗後に或《あるい》は反《かえ》って功を
成す。故に払心《ふっしん》の処《ところ》、
便《すなわ》ち手を放つこと莫《なか》れ。
（前集一〇）

発明王トーマス・エジソンに、失敗に関するプラス思考の言葉があります。「失敗などしていない。うまくいかない方法を一万通り見つけただけだ」。

エジソンは、発明する過程でいやというほど実験の失敗を繰り返しています。しかし、エジソンは結果が出るまでは絶対に投げ出しませんでした。この執念が彼を発明王にしたのです。

08

# うらやんでいるより、裏で励んでいる者が上に行く。

大きな成功の陰には、長い忍耐と厳しい修業が必ず隠れているものです。それについて『菜根譚』は、こう言っています。

「晴れ渡った青空のように明らかに輝く節義も、元は人目につかない場所で人知れず慎独《しんどく》の修業を積んで培い育てられたものである。また、天地を一新するような国家の施策も、元は深い淵《ふち》に臨み薄い氷を踏むような、細心の注意と慎重な計画の中から考え出されたものである」

「慎独」とは儒教経典の一つ『大学』にある言葉です。他人に見られない独りの時でも慎み深く生きることをいいます。

世間には「一夜にして成功した」ように見える例がたくさんあります。

たとえばオリンピックでメダルを獲得すれば、前日まではほとんど無名の人が、一夜にしてスターダムにのし上がるでしょう。

しかし、メダリストになれるほどのアスリートが即席で誕生することはあり得ません。たとえメダル獲得の年齢が二十代でも、競技を始めた年齢は十代以前であることが多いのです。十年以上にわたる懸命の努力が隠れています。

ビジネスや芸術、学術の世界でも同様です。華々しい成功を見る時、私たちはそこに至る忍耐と修業を見ず、「才能のある人はいいなあ」と思いがちです。しかし、まず始めるべきことは地道な努力と具体的な計画の策定です。

original

青天白日《せいてんはくじつ》の節義は、暗室屋漏《あんしつおくろう》中より培《つちか》い来たる。旋《せん》乾転坤《けんてんこん》的の経綸《けいりん》は、臨深履薄《りんしんりはく》の処《ところ》より操りだす。

（前集一三二）

09

大業を成すには
長い修業が必要。
大悟を得るには
深い懐疑が大事。

本物の幸福や知恵を得るには修業が必要だと、『菜根譚』はこう説いています。

「苦しんだり楽しんだりして、修業を重ね練磨してつくり出した幸福であってこそ、その幸福は永続する。また、疑ったり信じたりして、苦心を重ね考え抜いた知識であってこそ、その知識は本物になる」

もちろん誰でもそれはわかっています。それでも棚ぼた的な幸福を望み、付け焼刃的な知識で満足してしまうのが私たちです。そんな幸福は長続きせず、浅薄な知識はすぐ剥《は》がれ落ちます。だから『菜根譚』は、修業の重要性をくり返し説くのです。苦しくても一歩一歩着実に進み、失敗も糧《かて》とすることで、初めて本物の幸福や知恵を手にできます。

昭和の時代に活躍したプロ野球投手で通算二百八十四勝という偉業を成し遂げた山田久志《ひさし》さんが、同じチームの先輩に変化球のシンカーの投げ方を教えて欲しいと頼んだら断られたという話があります。仕方なく自力でマスターしましたが、三年もかかったそうです。

最初、山田さんは先輩を恨みましたが、後年、先輩は「教えては真似になるだけ。苦労して身につけてこそ武器となる」と考えていたことを知り、感謝するようになりました。真似は楽ですが、本物の武器を得るには苦労することが不可欠です。

original

一苦一楽、相磨練《あいまれん》し、練きわまりて福を成すものは、その福始めて久し。一疑一信、相参《あいさん》勘《かん》し、勘きわまりて知を成すものは、その知始めて真なり。

（前集七四）

# 2

# 相手がどうであれ誠実に対せ

10

# 慕われたいなら
# 小出しに与える。
# 従わせたいなら
# 誇示から始める。

洪自誠は、隠遁前には官僚として部下や民衆に対する人間関係上の苦労を重ねていたと推測されます。たとえば『菜根譚』は、こんなリアルな方法論を説いているのです。

「人に恩恵を施すには、初め手薄くしてから後に手厚くするがよい。先に手厚くして後で手薄くすれば、人はその恩恵を忘れるものである」

こう続けています。「人に威厳を示すには、初め厳しくしてから後に緩やかにするがよい。先に緩やかにして後で厳しくすれば、人はその厳しさを恨むものである」と。

こうした硬軟の使い分けは、兵法の古典『孫子《そんし》』にも登場します。概略こう言っています。

「兵士たちが将軍にまだ親しんでいないのに処罰すれば、彼らは命令に心服しない。だが、兵士たちが将軍にもう親しんでいるのに処罰が実行されなければ、軍隊はものの役に立たない」

最初は温情によって心をつかみ、やがて断固たる姿勢で統率することで組織は強くなるのです。人間の心理を知って接すれば感謝され、心服されますが、心理を無視して接すれば恨まれ、背を向けられるわけです。

現代ビジネスにも「どんなすぐれたサービスも当たり前になる」という言葉があります。最初は感動をもたらしたサービスにも、お客様はすぐに慣れてしまい、もっといいものを求めるようになるものです。人はそれほど欲深い存在だという認識が人間関係の基本になります。

original

恩は宜《よろ》しく淡よりして濃なるべし。
濃を先にし淡を後にすれば、
人は其《そ》の恩を忘る。
（前集一六七）

11

自分に厳しくすれば
人の大変さがわかる。
優しくなれるのだ。

私たちは「何ができるか」よりも、「何ができないか」という弱みを中心に他人を見る傾向があります。

ある経営者が「御社の長所は？」と問われて二〜三個しか答えられなかったのに対し、「短所は？」という問いには「社員の能力不足」「立地が悪い」「業態の陳腐化」など二十個近く即答したという話があります。それほど人は欠点ばかりに目が向くものです。

自分の不幸は小さくても不平不満を爆発させ、他人の不幸は大きくても同情する程度で積極的に手を差し伸べようとしない面もあります。

そういう「他人に厳しく自分に甘い」態度はいけないと、『菜根譚』はこう説いています。

「他人の過ちは許すがよいが、しかし自分の過ちは決して許してはならない。また、自分のつらいことはじっと耐え忍ぶがよいが、しかし他人のつらいことは決して見逃してはならない」

自分に厳しくすれば、他人に対して「この人も大変なんだろう」という想像力が働くようになります。その結果、許容力が増して、人にもっと優しくなれるのではないでしょうか。

「成果を上げるためには、弱みではなく強みに目を向けなければならない」というのは、経営学者ピーター・ドラッカーの一貫した主張でした。人間関係にも当てはまる言葉です。

original

人の過誤は宜《よろ》しく恕《じょ》すべきも、而《しか》も己《おのれ》に在《あ》りては即《すなわ》ち恕すべからず。己の困辱《こんじょく》は当《まさ》に忍ぶべきも、而も人に在りては即ち忍ぶべからず。

（前集一六五）

12

# 見ぬふり、
# 忘れたふりが
# 和を保つ。

自分には厳しく、他人には寛容であれと、『菜根譚』はくり返し説いています。それが自分の徳を養うことにもなるからです。

本項の前集一〇五では、こう言っています。

「人の小さな過失を責め立てることをせず、人の隠しておきたい私事を無理にあばき立てたりせず、人の過去の悪事をいつまでも覚えておくようなことをしない。この三つを実行すれば、自分の徳を養うことができるし、また、人の恨みを買う災害から遠ざかることができる」

また、前集八三でも、立派な美徳を持つ人の資質を、このように述べています。

「潔白ではあるが、しかもよく人を容《い》れる雅量《がりょう》があり、寛仁《かんじん》であるが、しかもよく決断力を持ち、明察であるが、しかも人のあら探しをせず、正直であるが、しかも並外れになることはない」

このような人物なら、砂糖漬けでも甘すぎず、海産物でも塩からすぎないと賞讃しているのです。これは『菜根譚』を貫く「中庸《ちゅうよう》」の考え方にもつながるでしょう。

雅量とは、人を受け入れる大らかな心をいい、また寛仁とは、心が広く慈悲深いさまをいいます。いずれも、洪自誠が官僚として生きる中で実感したことだろうと推測できます。

いい人間関係を保つためには、触れてはならないことや心配りすべきことがあり、それを守ることが大きな徳にもなるのです。

original

人の小過を責めず、人の陰私《いんし》を発《あば》かず、人の旧悪を念《おも》わず。三者、以《もっ》て徳を養うべく、また以て害に遠ざかるべし。

（前集一〇五）

13

# 追い詰める時は逃げ道をつくるのが人間関係の安全保障。

**敵**対する相手や自分に悪行を働いた人間、あるいは長年のライバルに、私たちはどう対処すべきでしょうか。チャンスがあれば一気に叩き潰そうと思う人もいるでしょう。しかし、『菜根譚』は、「そこまでやってはいけない」とこう説いています。

「悪党を取り除き、へつらう輩《やから》をふさぐには、彼に一筋の逃げ路《みち》を用意しておく必要がある。もしも彼にひと所も身を置く場所がないようにしてしまうと、たとえば、鼠の穴をふさいでしまうようなものである」

こう続けています。「すべての逃げ道をふさいでしまうと、苦し紛れに大事なものまでも、すべて咬《か》み破られるに違いない」と。どんな相手でも「窮《きゅう》鼠《そ》猫を噛む」状態にまで追い詰めるのは得策ではないのです。

これは、部下や交渉相手と接する場合においても有益な考え方です。失敗した部下を一方的に激しく叱責しても益はありません。叱りながらも再びチャンスを与えるといった救いの手を差し伸べてこそ部下は立ち直り、成長します。

『孫子』などの兵法書も「敵軍を包囲しても逃げ口は残せ」「敗走する敵軍をさえぎるな」と言っています。死地に置かれた兵は必死の攻撃に出るため、自軍の被害が大きくなります。逃がして追撃するほうが被害が少なく、かつ敵に多少の情《なさけ》をかけたことで遺恨《いこん》少なく勝てるのです。

original

奸《かん》を鋤《す》き倖《こう》を杜《ふさ》ぐは、
他《かれ》に一条の
去路《きょろ》を放つを要す。
若《も》しこれをして一も
容《い》るる所なからしめば、
譬《たと》えば鼠《ねずみ》の穴を
塞《ふさ》ぐものの如《ごと》し。

（前集一四〇）

14

# 人の話は
# 鵜呑みにせず、
# 裏を必ず取れ。

「耳で聞いて納得するな、目で見て納得しろ」という言葉があります。無批判に人の話を信じてはいけないという意味ですが、『菜根譚』もこう説いています。

「人の悪事を聞いても、すぐ憎むというようなことをしてはならない。それは、ないことをあるように悪口讒言《ざんげん》する者が、自分の怒りを晴らすためかもしれないから。また、人の善行を聞いても、急に親しむというようなことをしてはならない。それは悪賢い者が、自分の立身出世のためかもしれないから」

中途採用で面接まできたある応募者に対し、面接官が「経歴は立派だが態度が生意気すぎる。不採用にしたい」と判断し、責任者A氏にそう伝えました。A氏が「仕方ない。そうしよう」と役員に報告すると、役員は「面接官の話だけで判断するのか。応募者の出身大学に君自身が行って話を聞いたらどうか」と言います。

A氏は大学に行き、応募者を知る教授たちに話を聞きました。すると少し口は悪いものの、優秀で情にも厚いという評判でした。A氏は、面接官の話だけで不採用を決めかけた愚かさを恥じたということです。

人の話や評判を鵜呑《うの》みにしてはいけません。最初から疑ってかかる必要はありませんが、自分で調べられることは調べるという姿勢が大切です。

original

悪を聞いては、
就《すなわ》ち悪《にく》むべからず、
恐らくは讒夫《ざんぷ》の怒りを
洩《も》らすを為《な》さん。
善を聞いては、
急に親しむべからず、
恐らくは奸人《かんじん》の身を
進むるを引かん。
（前集二〇五）

15

# 七割が打算でも、三割が真情ならまわりとうまくいく。

子供は打算で友達を選んだりしませんが、年を重ねるに従って、利害や打算による人間関係が増えるものです。生き方も同じで、若い頃の正義や理想にも、利害や打算が徐々に入り込んできます。しかし、人間は何歳になっても純粋な心を何割かは持ち続けるべきだと、『菜根譚』はこう説いています。

「友人と交わるには、利害打算からではなく、少なくとも三分《さんぶ》がたの義侠心《ぎきょうしん》を持ち合わせていなければならぬ。また、ひとかどの人物となるには、世俗に流されるのではなく、少なくとも純粋な一点の本心は残しておかねばならぬ」

　この「三割」というバランスが大切です。百パーセント純粋であることは不可能ですが、かといって純粋心ゼロでは真の友情を育めず、こすっからい人間になるばかりです。三割くらいの義侠心を持つのが、ちょうどいいのです。

　世界トップの投資家ウォーレン・バフェットが、こう言っています。「売上や利益を少し増やすために、気の置けない仲間や尊敬する人たち、面白いと思える人たちとのつながりを次々に切り捨てていく人たちがいるようですが、そんなふうにして金持ちになる意味がどこにあるのでしょうか」と。

　洪自誠の生きた約四百年前の中国と、バフェットが生きる現代アメリカは大きく異なりますが、純粋な心を保つことの大切さに変わりはないのです。

original

友に交《まじわ》るには、
須《すべか》らく三分《さんぶ》の
侠気《きょうき》を帯《お》ぶべし。
人と作《な》るには、
一点の素心《そしん》を
存するを要す。

（前集一五）

16

# 一歩譲ると
# ギブアンドテイクが
# 一気に始まる。

『菜根譚』には、一歩身を引いて人に譲る大切さを説く話が多く出てきます。私たち日本人には自然ですが、我こそはと一歩先んずることを重視する中国では、譲るという考え方は衝撃的だったと専門家は見ています。

前集一三では、概略こんなふうに説いています。「狭い小路《こみち》では、まず自分が一歩よけて、相手を先に行かせてやる。一歩を譲るというこの心がけこそ、世渡りの一つのきわめて安楽な方法である」と。

また、前集三五では、少し踏み込んで「楽に通れるところでも、つとめて十分《じゅうぶ》のうち三分《さんぶ》は他人に譲る工夫を積むようにするがよい」と言っています。理由は「人生の行路はまことに険しい。そこで人に譲る心がけが必要になる」からです。

本項の前集一七ではさらに踏み込み、譲ることが大切なのは自分のためになるからだと言い切っています。こう説いているのです。

「世渡りをするには、先を争う時、人に一歩を譲る心がけを持つことが尊い。この自分から一歩を退くことが、とりもなおさず後に一歩を進める伏線になる。人を遇するには、厳しすぎないように、一分は寛大にする心がけを持つことがよい。この人のためにすることが、実は自分のためになる土台となる」

日本でいう「情けは人のためならず」に近い考えです。

original

世に処するに一歩を譲るを高しとなす、歩を退《しりぞ》くるは即《すなわ》ち歩を進むるの張本《ちょうほん》なり。人を待つに一分《いちぶ》を寛《ひろ》くするはこれ福《さいわい》なり。人を利するは実に己《おのれ》を利するの根基《こんき》なり。

（前集一七）

17

相手がどうであれ、
自分が誠実ならば
人生として正しい。

性善説と性悪説という二つの考え方があります。性善説は中国戦国時代の儒者《じゅしゃ》・孟《もう》子《し》の説です。たとえば井戸に落ちた幼児を見れば、どんな人でも利害打算なく心が動きますが、それは誰でも「内なる善」を持っているからだと説きます。

性悪説は孟子の後輩・荀子《じゅんし》の説です。人間は悪であって信頼できず、善は偽りの姿、あるいは後天的な矯正《きょうせい》による産物であると説きます。

儒学の祖・孔子《こうし》の『論語』は、自分が信じれば相手も信じてくれるという性善説に立っていますが、同じ儒家の洪自誠は、性善説、性悪説に関わらず、まず自分自身が誠実に相手を信じているかどうかが重要だと考えていました。『菜根譚』で、こう説いています。

「人を信用する者は、人は必ずしも皆が皆、誠実であるとは限らないが、少なくとも自分だけは誠実であることになる。（これに反して）、人を疑う者は、人は必ずしも皆が皆、偽り欺《あざむ》くとは限らないが、少なくとも自分がまず偽り欺くことになる」

original

人を信ずる者は、
人未《いま》だ必ずしも
尽《ことごと》くは誠ならざるも、
己《おのれ》は即《すなわ》ち独《ひと》り誠なり。
人を疑う者は、
人未だ必ずしも
皆は詐《いつわ》らざるも、
己は則ち先《ま》ず詐れり。
（前集一五九）

「性善説か性悪説か」と一般論的に二者択一を迫る前に「自分自身は誠実か誠実でないか」を問うのです。人間は時に善人、時に悪人と変転するものです。善悪を決めつける前に、まず自分が誠実であれば、相手も心を許すのではないでしょうか。

18

# 怨みは水に流せ。恩は自ら返せ。

私たちは、自分が人に与えた恩はよく覚えているのに、人から受けた恩は忘れやすいところがあります。また、人に傷つけられると長く忘れませんが、人を傷つけてもあまり覚えていないものです。

『菜根譚』は、そんな得手勝手なことではいけないと「ノー」を突きつけ、こう説いています。

「自分が人に対して功労があったとしても、その報いを得たいと思って、そのことを心にとどめておいてはならない。しかし、人にかけた迷惑ならば、必ず償うことを思って、そのことを心にとどめておかねばならない。また、人が自分に対して恩恵を与えてくれたならば、その恩返しのことを思って、そのことを忘れてはならない。しかし、人に対する怨《うら》みならば、必ず心にとどめておかずに、きれいさっぱりと忘れ去ってしまわねばならない」

田中角栄《かくえい》元首相が昭和初期に故郷・新潟から上京した時、母親のフメが伝えた処世の心得の一つに、「金を貸した人の名は忘れてもいいが、借りた人の名は絶対に忘れちゃならねえ」というものがあったそうです。当時の人は「人としてどう生きるか」についての考え方がとてもしっかりしていたことを教えてくれる言葉です。

忘れていいこととといけないことを間違えると、恩知らずな人でなしになる恐れがあります。

original

我、人に功あらば
念《おも》うべからず、
而《しか》して過《あやまち》は則《すなわ》ち
念わざるべからず。
人、我に恩あらば
忘るべからず、
而して怨《うらみ》は則ち
忘れざるべからず。

（前集五一）

19

苦闘は共にできても
成果は共にできない。
嫉妬が伴なうからだ。

人間関係は難しいもので、みんなで得た成果をみんなで分かち合えない場合もあります。お金や名誉、欲や嫉妬がからんで話がややこしくなるのです。論功行賞ひとつにしても、「私のほうが貢献したのに、なぜあいつよりも少ないんだ?」などとなりがちです。

『菜根譚』はこう説いています。

「人と共にして失敗した責任を分かち合うのはよいが、成功した功績は共有しようとしてはならない。共有しようとすると、仲たがいの心が生じてくる。人と苦難を共にするのはよいが、安楽を共にしようとしてはならない。安楽を共にしようとすると、憎み合う心が生じてくる」

original

当《まさ》に人と過《か》を同じくすべく、当に人と功を同じくすべからず。功を同じくすれば則《すなわ》ち相忌《あいい》む。人と患難《かんなん》を共にすべく、人と安楽を共にすべからず。安楽なれば則ち相仇《あだ》とす。

(前集一四二)

連想されるのは、幕末の志士・高杉晋作《しんさく》の「人は艱難《かんなん》は共にできるが、富貴《ふうき》は共にできぬ」という言葉です。江戸末期、晋作は農民や町民も参加できる奇兵隊《きへいたい》を組織、長州藩から保守派を一掃したうえ、幕府による長州征討軍にも勝って明治維新への道筋をつけたのでした。

ところが、これだけの功労者でありながら、晋作は藩の要職につきませんでした。理由を問われて答えたのが右の言葉です。富貴を求めない無私の心があったから、晋作は不可能を可能にできたのでしょう。

人をまとめ大事を成し遂げるには、このような人間共通の心理に精通することが大切です。

# 3

# 度を越すとすべてが悪徳になる

20

# 度を越すと
# どんな美徳も
# 途端に
# 悪徳と化す。

中庸は『菜根譚』を貫く重要な考え方の一つです。どんな美徳も行き過ぎれば害をなすと、こう説いています。

「倹約は確かに美徳ではあるが、度を過ごすとけちになり、卑しくなって、かえって正道を損なう結果になる。また、謙譲はよい行為ではあるが、度を過ごすとバカ丁寧《ていねい》になり、慎み過ぎて卑屈になって、たいてい何か魂胆《こんたん》のある心から出ている」

「慇懃《いんぎん》無礼」という言葉があります。言葉や態度が丁寧過ぎて嫌味になり、誠意を感じられないさまをいいます。

　美徳は行き過ぎると自分の値打ちを損なうばかりか、相手まで不快にさせるのです。

original

倹は美徳なり。
過ぐれば則《すなわ》ち慳吝《けんりん》と
為《な》り、鄙嗇《ひしょく》と為りて、
反《かえ》って雅道《がどう》を傷《やぶ》る。
譲は懿行《いこう》なり。
過ぐれば則ち足恭《しゅきょう》と
為り、曲謹《きょくきん》と為りて、
多くは機心《きしん》に出づ。

（前集一九八）

かといって美徳を放棄しては、粗暴で思いやりのない人間になります。中庸であることは、処世にも自分の成長にも欠かせない要件です。

中庸は、新渡戸稲造《にとべいなぞう》の名著『武士道』でも強調されています。義・勇・仁・礼・誠・名誉・忠義の武士の七徳ですら行き過ぎると害になると説き、「義が過ぎると硬直的となり、仁が過ぎると弱さに溺れる」という伊《だ》達《て》政宗《まさむね》の言葉を紹介しています。たとえば仁は母のような慈悲ですが、義を忘れて仁に偏ると威厳を失い、部下や子供を甘やかす弊害が生じます。

　武士の七徳は現代人にも大切ですが、行き過ぎないようにバランスを取ることが必須です。

21

冷静さを保とう。
冷たい刃ほど
よく切れるのだ。

中庸とは、極端に走らずバランスを保つこととも言い換えられるでしょう。ビジネスの世界で「冷静に」とか「白紙になって」「客観的に」などとよく言うのも、要は偏りのない見方、考え方をしろということです。

『菜根譚』は、とらわれない姿勢の大切さをこう説いています。

「冷静な眼で人物を観察し、冷静な耳で人の言葉を聞き、冷静な情で事物に触れて感じ、冷静な心で道理を考える」

人は先入観が強かったり、動揺していたりすると判断を誤りがちです。しかも厄介なことに、先入観が強い時ほど先入観にとらわれていることに気づきません。

トヨタ式に「なぜ？を五回くり返せ」という有名な言葉があります。

たとえば問題が起きた現場で、表面的な要因の根底にある真の原因である「真因」を突き止める時がそうです。少し調べただけで「きっとこういうことだろう」という先入観で「やっぱりな」と断定するのは危険です。あるいは動揺を抑えようとして、「わかったぞ」と安易に安心してもいけません。

思考がそこで止まり、その先にある真因にたどり着けなくなってしまいます。

「すぐにわかるはずだ」と思い込まず、「真因の追究なんてムリ」と諦めることもなく、白紙の目で問題に迫り続けるのがトヨタ式であり、『菜根譚』の「冷静な眼、耳、情、心」です。

original

冷眼《れいがん》にて人を観《み》、冷耳《れいじ》にて語を聴《き》き、冷情《れいじょう》にて感に当たり、冷心《れいしん》にて理を思う。

（前集二〇三）

22

# バランスが
# よければ、
# たとえ傾いても
# 倒れないですむ。

現代のビジネス書や自己啓発書の多くは「能力を出し惜しみするな。人は全力を出し切ることでさらに伸びる」と激励します。しかし、『菜根譚』は中庸を説きます。

「爵位や官位は登り詰めないほうがよい。あまり登り詰めると、人から妬《ねた》まれてその身が危うい。特別な才能は出し尽くさないほうがよい。あまり出し尽くすと、長続きせず下り坂になる」

こう続けています。「品行は上品にしすぎないほうがよい。あまり上品にしすぎると、仲間外れにされて、そしられたりけなされたりするようになってくる」と。

かつて日本のビジネスパーソンにとって、出世は最大の目標の一つでした。しかし、ワークライフバランス（仕事と生活の調和）や、ワークアズライフ（仕事と生活の一致）といった新しい働き方が提唱される中、意識は変わりつつあります。

いくつかの調査を総合すると、現代の若者は「出世したい」「できれば出世したい」が四割で、「出世したくない」「出世にこだわらない」が六割といった比率になるようです。

『菜根譚』は約四百年も前の書ですが、現代の若者の意識と不思議に一致します。中庸は「能ある鷹は爪を隠す」といった諺があることからもわかるように、いつの時代でも常に基調低音として存在します。それが今、顕在化しているのかもしれません。

original

爵位《しゃくい》は宜《よろ》しく太《はなは》だ盛んなるべからず、太だ盛んなれば則《すなわ》ち危し。能事《のうじ》は宜しく尽《ことごと》く畢《お》わるべからず、尽く畢われば則ち衰う。

（前集一三七）

23

ムリせず焦らず。
黙々と行く者が
最も遠くに行く。

忙しさは人から冷静さを奪い、熱狂は客観的に見る力を薄れさせます。そのことについて、『菜根譚』はこう説いています。

「目まぐるしく多忙な時に、（のぼせ上がらずに）、一点の冷静な目をすえておれば、それで多くの苦しい思いをしないですむ。（これに反し）、不景気になったところで、（沈み込んだりせずに）、一点の熱情を存しておれば、それで多くのまことの趣《おもむき》を味わうことができる」

ある企業の経営者は若いリーダーだった頃、担当部署の赤字体質から抜け出そうと、毎晩十時、十一時まで働き、土日も当然出社していました。ところが状況は改善しません。そんなある日、上司に「一生懸命働くから赤字になるんだ。働くのをやめたら黒字になるよ」と言われ、驚いたそうです。最初は「残業代のことか？」と思いましたが、部下に「冷静になれという意味じゃないですか」と言われ、納得して残業も休日出勤もやめました。すると、それまで忙しさで見えていなかった問題が見えてきて、解決策が次々と浮かぶようになって事態は好転、部署は黒字になったのでした。

別の経営者は若い頃、上司と衝突して閑職に追いやられた時に特許の勉強をしたことが後の飛躍につながったそうです。

多忙にあっても閑職にあっても、やるべきことを黙々とやることで人は成長できるのです。

original

熱閙《ねっとう》の中《うち》に
一冷眼を着《つ》くれば、
便《すなわ》ち許多《あまた》の苦心思を
省く。冷落《れいらく》の処《ところ》に
一熱心を存すれば、
便ち許多の
真趣味を得《う》。

（後集五九）

24

# 事に心をとらわれず、心で事をとらえる。それが君子の方法論。

たとえ事の渦中にいても、外から自分を冷静に見る目を持つべきだと、『菜根譚』はこう説いています。

たとえば逆巻く大波が天まで届くほどの時、舟の中の人は案外平気でも、舟の外の人が見てかえって肝を冷やすものです。

「酔っ払って怒鳴り散らしている時、同席にいる人は案外気にかけないが、席外の者が見てかえって苦々しく思っている。そこで君子たる者は、わが身は事の渦中に置くとしても、その心はその事を超越する立場に置く必要がある」

物事に巻き込まれると、自分はどう見られ、何をするべきかといった客観的な見方ができなくなります。そんな時こそ視点の転換が必要です。ビジネスではよく「マクロを見る鳥の目、ミクロを見る虫の目、流れを見る魚の目を持て」といいますが、要は心の目によって客観的に見よ、ということでしょう。

室町時代の能役者・世阿弥《ぜあみ》に「離見《りけん》の見《けん》」という言葉があります。舞台で演じている自分の姿を、観客が見るように客観的に見ることです。その視点を持つことで、正しい自己評価ができ、演技を向上させていくことができます。

企業や組織が存亡の危機に瀕しているのに、当事者たちの危機感が薄いことがよくあります。心の目を失うと危機さえ見えなくなってしまうのです。

original

猖狂《しょうきょう》の座を罵《ののし》るや、
席上、警《いまし》むるを
知らずして、席外の者、
舌を咋《か》む。故《ゆえ》に君主は、
身は事中《じちゅう》に在《あ》りと雖《いえど》も、
心は事外《じがい》に超えんこと
を要するなり。

（後集一三二）

25

栄華を保つには
変化が必要である。

『菜根譚』は時代を三つに分けています。

よく治まっている治世、戦乱や騒動が続く乱世、国が衰えた末世である叔季《しゅくき》です。そして、人は時代によって生き方を変えたほうがよいと、こう説いています。

「よく治まった世に処するには、身を方正に保つがよく、乱れた世に処するには、万事に角張《かどば》らないがよい。（治世には政治が公平で嘉言《かげん》善行が用いられるが、乱世にはその反対で、正しいことがいれられず思わぬ災難を招くからである）。そこで、末の世となった今は、方・円の二者を並び用いて、機に臨み変に応じていくがよい」

自分は自分、生き方は変えないという人もいるでしょう。しかし、時代は変わります。変化に応じて生き方を調整する必要があります。過去に正しかったことにとらわれていては、中庸が保てないのです。

マキャベリの名著『君主論』にも「時代と状況が変われば、君主のほうが行動様式を変えない限り、滅びてしまう」という言葉があります。

たとえば温厚な君主は、時代が温厚な統治を望む間は栄えますが、時代が勇猛な君主を求めるように変われば、昔ながらの統治は生き残れません。

企業は「変化対応業」といわれます。企業も人も時代の変化に沿って変わらなければ、過去の遺物と化してしまうのです。

original

治世に処しては
宜《よろ》しく方《ほう》なるべく、
乱世に処しては
宜しく円《えん》なるべく、
叔季《しゅくき》の世に処しては
当《まさ》に方円並び用うべし。
（前集五〇）

26

# 吸収したければ
# 虚心になれ。

**生**き方は時代の変化に合わせるとして、ではの心のあり方はどう考えればいいのでしょう。『菜根譚』はこう説いています。

「心はいつも空虚にしておかねばならぬ。空虚であれば、道理が自然に入ってくる。また、心はいつも充実しておかねばならぬ。充実しておれば、物欲が入る余地はない」

「虚」とは、邪念を持たず、心を穏やかにしておくことです。「実」とは、心を道理で満たしておくことだといっていいでしょう。

両者は正反対に見え、世俗に生きる私たちには実現が難しく感じられます。しかし、決してそうではありません。

アスリートを例に挙げましょう。アスリートは、監督やコーチ、先輩などから、さまざまな助言を与えられます。

もしアスリートがなんの考えもなく、フォームやトレーニング、食事に至るまで言われるままに変えたら、どうなるでしょう。自分を見失い、行き詰まってしまう恐れがあります。

反対に誰の助言にも耳を傾けず、我が道を行くだけだったら、進歩がなくなり、「何を言っても聞かない」と周囲から見放されかねません。

理想は、助言に耳を傾けながら自分なりに取捨選択して、いいものだけを実行することです。

つまり、邪念を持たず穏やかにして、しかし自分の考え（道理）はしっかり持つのがいいのです。

original

心は虚《きょ》にせざるべからず、虚なれば則《すなわ》ち義理は来たり居る。心は実《じつ》にせざるべからず、実なれば則ち物欲は入らず。

（前集七五）

27

# 腰は低く、心は高く。

『菜根譚』はいわゆる処世訓ですから、俗世を超越して無為自然の境地を求める『老子』的な生き方は勧めていません。俗世にありながら、俗世の垢《あか》にまみれず清く正しく生きる道を追求します。そのためしばしば、一見矛盾・対立する二つの道を示すことで中庸を悟らせようとします。25項の「心は虚に」と「心は実に」もそうですし、24項の「治世に処しては方」と「乱世に処しては円」もそうです。

前集一九五でも、「処世の道としては、世俗の人とまったく同じであってはよくないが、また、あまりかけ離れてしまってもよくない」と言っています。

そして本項の前集四三でこう実際的な説明をしています。

original

身を立つるに
一歩を高くして
立たざれば、
塵裡《じんり》に衣《い》を振《ふる》い、
泥中《でいちゅう》に足を
濯《あら》うが如《ごと》し。

（前集四三）

「処世の立場としては、常に世人よりも一歩だけ高いところに立っていないと、あたかも塵《ちり》の中で衣を振るい、泥の中で足を洗うようなことになる。（振るえば振るうほど塵にまみれ、洗えば洗うほど泥がついてくる）」

こう続けています。「処世の道としては、常に世人よりも一歩だけ退いていないと、あたかも火とり虫が灯火に投じ、牡羊《おひつじ》が生垣《いけがき》に角《つの》を突込んだようなことになる。（火とり虫は我から焼け死に、牡羊は退くことも進むこともできず進退きわまってしまう）」と。つまり、処世の立場（心のあり方）はほどよく高く保ちつつ、処世の道（実際の言動）は俗人にほどよく譲るのです。それが理想の生き方につながります。

28

# 知恵だけで
# 世間は渡れないと
# 知ることが
# 真の知恵。

私たちはどうしても、今、目の前で起きている出来事にとらわれ、「この出来事にどう対処するか」という発想に偏ってバランスを失いがちです。

出来事の背後や周囲に意外な事態が隠れているかもしれないことには、なかなか思いが及びません。まして、自分の知らない場所で起こっている別の出来事が、やがて自分に危機や幸運をもたらすかもしれないことなど考えもしないでしょう。

しかし、人生は意外なことや計算外のことだらけなのです。それを『菜根譚』はこう説いています。

「魚を捕らえようと網を張っていると、意外にも大きい雁《かり》がかかる。かまきりが蝉《せみ》を狙っていると、雀がその後からかまきりを狙っている。（人間社会には）、これと同様に、仕掛けの中にまた仕掛けが隠されていて、思わぬ異変の外にまた異変が生じてくる。してみると、ちっぽけな知恵や技巧などは、なんの頼みにもなりはしない」

とらわれた心のままで知恵者ぶっても、人生の網にからめ取られるだけです。目の前の出来事に対してだけ技巧をこらしても、思い通りの結果は得られないでしょう。世俗的な知恵や技巧を思い切って捨てることから、道が開けます。「自分はどう生きたいか」「時代はどう変わるか」といった大局的な見方を取り入れることが大切です。

original

漁網の設くる、鴻《おおとり》則《すなわ》ち其《そ》の中に罹《かか》る。蟷螂《とうろう》の貪《むさぼ》る、雀《すずめ》また其の後に乗ず。機裡《きり》に機を蔵し、変外に変を生ず。智巧《ちこう》何ぞ恃《たの》むに足らんや。

（前集一四八）

29

# 望外の幸運は意外な不運とセットで訪れる。

人生は意外なことだらけですから、時には予想外の幸運が来ることもあります。しかし、そんな時に「ラッキー」と手放しで喜ぶのは危ないと、『菜根譚』はこう説いています。

「身分不相応な幸運や正当な理由のない授かりものなどというものは、天が人を釣り上げる甘い餌《えさ》であるか、さもなければ人の世の落とし穴である」

こう続けています。「このような場合に、目のつけどころを高くして迷わされないようにしないと、その計略に陥らないことは少なくないのである」

確かに、棚ぼた的な幸運に調子づいていると、思いがけない不運に見舞われたり、気がゆるみ切って次のステップに上がれなくなったりするものです。「この幸運は天が私を試しているのだ」と考え、気を引き締めて黙々と努力を続けることが大切です。

稀代の名横綱・双葉山《ふたばやま》は、大変な人気者となった頃、ある人からこんなアドバイスをされたそうです。「人気というものは、浮気ないたずら者である。低い所から落とせば欠けない物を、勝手に高所までさし上げて行って落とすのが人気の特質である」と。

人の世は移ろいやすく、権力者や有名人が一夜にして没落したりスキャンダルにまみれたりすることもしばしばです。それは一般の私たちにも当てはまります。思わぬ幸運に恵まれた時は『菜根譚』の言葉を思い出すことが必要かもしれません。

original

分《ぶん》にあらざるの福《さいわい》、
故《ゆえ》なきの獲《えもの》は、
造物の釣餌《ちょうじ》に
あらざれば、即《すなわ》ち
人世の機阱《きせい》なり。
（後集一二七）

# 4

# 部下は支配するより支えて動かす

# よからぬ影響を遮断することもよき人材育成法。

『菜根譚』は、リーダーの指南書としても読めるほど有用な心得が、たくさん書かれています。

その一つが、人づくりに関するこの一節です。

「弟子を教育するのは、ちょうど箱入娘を養育するのと同じで、最も大切なことは、その出入を厳重に監督し交友に注意することである」

今どきそうかぁ？　と思う人もいるでしょうが、こう続いています。「もしこの点をおろそかにして、一度、よからぬ者に近づいたら、必ずその悪風に染まってしまう。それは清浄な田地に一個の不浄《ふじょう》な種子をまくようなもので、必ず不浄な種子がはびこって、それこそ一生、よい稲の苗《なえ》など植えられなくなる」と。

連想されるのが、米国ＩＴ業界に伝わる「バカの増殖」という言葉です。Ａクラスの人間だけでチームをつくるとすばらしい仕事ができますが、そこにＢクラスが一人でも紛れ込むと、その人間がＢクラスやＣクラスを呼び寄せ、ＣクラスはＤクラスまでチームに入れ、あっという間にダメなチームになるという説です。

鼻持ちならないエリート主義かもしれませんが、組織を預かり、競争に勝たねばならないリーダーには切実な考え方でしょう。

人生は思っているほど長くはないのです。つまらない人とつき合って時間をムダにすることはありません。人間は「朱に交われば必ず赤くなる」存在です。つとめていい人と交わることが大切です。

original

弟子を教うるは、
閨女《けいじょ》を養うが如《ごと》く、
最も出入《しゅつにゅう》を厳にし
交遊を謹むを要す。
（前集三九）

31

人が
最も伸びるのは
温室の中よりも
風雪の中である。

「鉄は熱いうちに打て」「かわいい子には旅をさせよ」というように、人は苦労の中で育つものです。『菜根譚』も同様の厳しさを求め、こう説いています。

「青少年はやがては大人《おとな》となる卵であり、秀才はやがては指導者となる卵である。この卵の段階において、十分に焼きを入れ、陶冶《とうや》するに専一でないと、将来、世間に出て官位についた時、立派な人材というものにはとてもなりにくい」

若者に限らず大人も、エリート街道を直進した人より、子会社の再建や難事業などで苦労した人のほうが、すぐれたリーダーや経営者になることが多いように感じます。

original

子弟は大人《たいじん》の胚胎《はいたい》なり。秀才は士夫《しふ》の胚胎なり。此《こ》の時、若《も》し火力到らず、陶鋳《とうちゅう》純ならざれば、他日、世を渉《わた》り朝《ちょう》に立ちて、終《つい》に個の令器《れいき》と成り難し。

（前集二一九）

サッカー指導者のヨハン・クライフも、選手の育て方についてこう話していました。

「才能ある若手にこそ、挫折を経験させなければならない。挫折は、その選手を成長させる最大の良薬だ」

才能ある若手は、その年代では群を抜く存在だけに、王様扱いされ、甘やかされる恐れがあります。しかし、そうなると挫折を経験しない代わりに成長も止まってしまいます。クライフは、そういう若手を、きわめてレベルの高いチームに放り込んで屈辱や敗北を経験させ、苦しませることで、もともとすぐれた才能を一回りも二回りも大きく成長させようとしたのです。

32

# リーダーは、部下の支配者になるよりも支持者になってやれ。

人を使う心構えを『菜根譚』はこう説いています。

「人を使うには、厳しすぎてはならない。厳しすぎると、せっかく、骨を折ろうと思う者までも去ってしまう」

こう続けています。「友と交わるには、みだりに交わってはならない。誰とでも交わると、お上手を言う者までもやって来る」と。

『菜根譚』は中庸の書ですが、人を使う時にも、また、人とつき合う時にも、ほどよい厳しさと、ほどよい親しみやすさの両方が求められるのです。

ある経営者が、よいチームをつくるコツの一つは「仲よくケンカする」ことだと言っていました。

チームメンバーの仲が悪ければ、いい仕事はできません。しかし、やたらと仲がよければいいわけでもないのです。「仲よしクラブ」になって、意見が対立しても安易に妥協してしまうという問題が生じるからです。

では、強いリーダーがメンバーを厳しく統率すればいいのでしょうか。そうではないでしょう。抑えすぎるとメンバーの自由な意見が出なくなるうえ、嫌気がさす人も出てきて、チーム力は低下することになります。

リーダーは、メンバーが自由に意見を戦わせられる空気をつくることが大切です。ただし、結論が出たなら一丸となって実行させます。そんな自由と緊張の両方が揃ったチームなら、メンバーは互いに切磋琢磨《せっさたくま》しながら育っていきます。

original

人を用うるには、
宜《よろ》しく刻《こく》に
すべからず、
刻なれば則《すなわ》ち
効《こう》を思う者も去る。
(前集二〇七)

33

少し隙を見せたり、
あえて甘くするのも
指導の一つ。

『菜根譚』は、一人超然とせずに世俗の中に身を置き、さまざまな人とうまく折り合いをつけて生きる「清濁併《あわ》せ呑《の》む」人物像を勧め、こう説いています。

「汚い土には多くの作物ができ、澄みすぎる水には魚は住みつかない。そこで君子たる者は、世俗の恥や汚れを受け入れる度量を持つべきであり、あまり潔癖すぎて世俗の外に超然たる操守《そうしゅ》（節操）を持つべきではない」

リーダーにも、まさに清濁併せ呑む大きな器量が必要です。この反対の「水清ければ魚棲《す》まず」的なリーダーになっては、人はついてこないでしょう。

たとえば生産現場などで使う標準作業を最初から厳格にすると、現場の人は守ることができないうえ、「こうしたほうがいい」という改善の知恵が出なくなって行き詰まります。反対に、少し緩めにすると現場の人もしっかり守れるうえ、改善の知恵も出て「進化する標準作業」にすることができるのです。

人は厳しく引き締めても、そうそう動くものではありません。少し甘め、緩めにしておいてこそ、自主的に動いてくれるのです。つまり、リーダーは甘さや緩みを見せることも大切なのです。

たとえば自分が仕事人間だからといって部下にも仕事人間になることを強要するのは、決していい指導者ではありません。

original

地の穢《けが》れたるものは
多く物を生じ、
水の清《す》めるものは常に
魚なし。故《ゆえ》に君子は、
当《まさ》に垢《こう》を含み汚《お》を
納《い》るるの量《りょう》を存すべく、
潔を好み独り行なうの
操《そう》を持すべからず。
（前集七六）

34

# 短所は
# 大目に見よ。
# 長所は
# 大いにほめよ。

人を教え諭す時のリーダーの心得について、『菜根譚』はこう説いています。
「人を責める者は、過失がない点を過失がある中から尋ね求めるようにすれば、責められる人の心中に不満が起きない。（これに反し）、己《おのれ》を責める者は、過失のある点を過失のない中から反省するようにすれば、責める自分の修行に向上がある」

どんなに欠点の多い部下であっても、欠点ばかりを指摘しては、育成や指導にはつながりません。部下は感情的に反発したり、逆に自己嫌悪に陥ったりして、やる気を失うでしょう。

賢明なリーダーは、一つでも部下の長所を見つけて「見どころがある」と伝えるものです。そうすれば、部下は素直に耳を傾け、リーダーの言葉を頼りに「長所を伸ばすにはどうすればいいか」を懸命に考え始めます。そして自力で成長していけるようになるのです。

一方、リーダー自身には「成功しても反省する」という謙虚な姿勢が必要になります。「うまくいった」と喜んで歩みを止めたり、「また同じようにやればいい」と安易に考えるようでは、そこで成長が止まってしまいます。

常に反省点を見つけ、丹念に改善することで人は思いがけないほど成長できますし、その成長体験を部下に伝承させることもできるのです。

original

人を責むる者は、無《む》過《か》を有過の中に原《たず》ぬれば、則《すなわ》ち情《じょう》平《たい》らかなり。己《おのれ》を責むる者は、有過を無過の内に求むれば、則ち徳進む。
（前集二一八）

35

言い分を通すには、
相手に合わせた
言い方を工夫する。

「人を見て法を説け」といいます。相手の理解力や性格などに応じて伝え方を変えてこそ伝わるということです。伝わらないのは相手が悪いのではなく、自分の伝え方が悪いのです。『菜根譚』もこう説いています。

「他人の悪を責めて善に向かわせようとする時、あまり厳しすぎてはならない。その人が、それを受け入れられるかどうかの程度を考える必要がある。また、人を教えて善をさせようとする時、あまり高すぎてはならない。その人が、それを実行することができるかどうかの程度を考えて、実行できるようにしなければならない」

original

人の悪を攻むるは、太《はなは》だ厳《げん》なることなかれ、その受くるに堪《た》えんことを思うを要す。人を教うるに善を以《もっ》てするは、高きに過ぐることなかれ、当《まさ》にそれをして従うべからしむべし。

(前集二三)

『三国志演義』に、赤壁《せきへき》の戦いに際して蜀《しょく》の軍師諸葛孔明《しょかつこうめい》が、呉《ご》王孫権《そんけん》に開戦を決意させた話があります。孫権側近は「魏《ぎ》の戦力を少なめに言えば決意するはず」と助言しましたが、孔明は逆に戦力を多めに伝えました。当然、孫権は「なぜ蜀はそんな大軍と戦うのか」と訊ねます。「大義のためです」と孔明は答え、「しかし、呉は自国の安泰が大事でしょう」と和睦《わぼく》を勧めました。自分を英雄視している孫権はこの言葉に発奮して開戦を決意、呉蜀連合軍は魏を破ったのです。

孔明は孫権の性格を見て、戦力を少なめに言うという小細工よりも、正面から大義に訴えたほうが説得できると考え、伝え方を変えたのです。

36

# 急がせたい時ほど息長い説得が必要。

人を動かすには時間がかかります。時間を惜しむと人は動かず、たとえ動いても長続きせず、成果も中途半端になるものです。

『菜根譚』も、「物事には急いでも、明らかにならないことがある。かえって、これをゆっくりにすれば、自然に明らかになることもある」と言ったうえで、こう説いています。

「あまりせき立てて人の怒りを招いてはならない。人を使おうとしても、容易に従わない者がいる。かえって、これを自由にしておけば、自然に変わってくることもある。あまり無理に使おうとして、その人をよけいに頑固にしてはならない」

original

躁急《そうきゅう》にして以《もっ》て其《そ》の忿《いか》りを速《まね》くことなかれ。人はこれを操《と》りて従わざるものあり、これを縦《はな》てば或《あるい》は自《みず》から化せん、操ること切にして以て其の頑《がん》を益《ま》すことなかれ。

（前集一五二）

ある人が大きなプロジェクトを任されました。しかし、メンバーが思うように動いてくれません。自分の権限が小さいために動かないのだと考え、上司に「権限を大きくしてください」と頼んだところ、こう諭されたそうです。「人は権限だけでは動かせない。人を動かす要諦は、粘り強い説得なんだ」と。

権限を背景に「やれ」と頭ごなしに指示命令をすれば、納得していない部下も一度や二度は動かせます。しかし、長く従わせることはできません。根気よく説得し、納得の上でやってもらってこそ息の長い協力が得られ、部下の知恵も出るというのが、その上司の助言でした。早く手にしたものは、早く失いやすいものです。

37

# 部下に手柄を譲ろう。部下の信頼が集まる。

仕事の多くはチームスポーツです。リーダーはチームの成果を「私の成果」と独占せず、常に「私たちの成果」だと考える習慣が大切です。リーダーのそういう姿勢がチームを一つにまとめ、さらなる勝利を引き寄せます。

『菜根譚』はこう説いています。

「完全無欠な名誉や節義などは、自分だけで独占してはならない。(たとえそうであっても)少しは人にも分かち与えるようにすれば、危害を遠ざけ無難に身を終わることができる」

ある企業トップは、部課長時代、「成果は譲ってやれ。名より実を取ればいい」というリーダー論で動いていました。たとえば仕事に「こうやればできる」という道筋が見えると、「後はお前がやれ」と一番おいしいところを部下に任せるのです。すると、部下は成果を手にして自信をつけるうえ、上司への信頼を強め、「あの人は手柄を譲ってくれた。次にあの人が何かやる時はもっとしっかり協力しよう」と考えるようになるのです。人は自分の成果になると思えば、無条件に味方するのです。

この反対に「勝った時は自分の手柄、負けた時は部下の責任」と考える人がいます。これでは部下は「あの人に協力してもなあ」と及び腰になり、時には反対者となるでしょう。成果は独り占めせず、メンバーに譲ってこそリーダーは信頼されます。

original

完名美節《かんめいびせつ》は、
宜《よろ》しく独り
任ずべからず。
些《いささ》かを分《わか》って
人に与うれば、
以《もっ》て害を遠ざけ
身を全《まっと》うすべし。
(前集一九)

# 5 手抜きをしたい自分と戦え

38

# 甘言には
# 首を傾げ、
# 苦言には
# 耳を傾けよ。

「良薬は口に苦し」であり、心地よい言葉よりも厳しい言葉のほうが自分を成長させ、人格を高めてくれると、誰もがわかっています。しかし、わかっていながらついつい甘い言葉には心を許し、苦言や小言《こごと》は聞き流したがるのが私たちです。

だから、『菜根譚』はこう説くのです。

「人間は平素、常に耳に聞きづらい忠言を聞き、常に心には思い通りにならぬことがあって、それでこそ徳に進み行を修めるための砥石《といし》となる」

さらにこう続けています。「もしどの言葉も耳を喜ばせ、すべての事が心を満足させるようであっては、それではこの人生を（毒薬の代表である）鴆毒《ちんどく》の中に埋め沈めてしまうことになる」と。

豊臣五大老の一人・小早川隆景《こばやかわたかかげ》は、戦国武将らしくもっと端的に、「自分の心に合うことは、皆、体の毒になると思え。自分の心に逆らうことは、皆、薬になると思え」と言っています。

さらに、若い者の心得として「自分の考えに合うことよりも、自分にとって嫌なこと、難しいことに積極的に取り組め」と言い続けていたそうです。

すぐれた経営者や権力者がいつしかワンマンや暴君と化して、判断を誤り、没落することがあります。その原因も周囲にイエスマンや追従《ついしょう》者が集まり、正しい情報が集まらなくなるからです。私たちも心すべきです。

original

耳中《じちゅう》、常に耳《みみ》に逆《さから》う言を聞き、心中、常に心に払《もと》るの事ありて、纔《わず》かに是《こ》れ徳に進み行《ぎょう》を修むるの砥石《しせき》なり。

（前集五）

39

休まず進め。
安き道を選ぶより
強靭な足腰を
持てる。

早くひとかどの人物になりたいと願うなら、たゆまずに努力することが必要です。努力を短縮・省略することで「早く」を実現することはできません。かえって成長が遅れます。それどころか、壁を乗り越える力もない凡人になってしまう恐れがあります。

『菜根譚』も、長い時間をかけて修練してこそ人は本物になれると、こう説いています。

「修養を志すなら、何度も煉《ね》り鍛えた金のように、じっくりとするがよい。速成では深い修養は得られない」

さらに、こう続けています。「また、事業を行うなら、強い石弓《いしゆみ》を発するように、慎重にするがよい。軽々しく発しては大きな成果は得られない」と。

努力・修練とは「じっくり取り組む力」の別名なのです。ひとかどの人物とは、じっくり取り組めるものを持っており、それを得意分野にしている人のことだといえるでしょう。

もちろん、人が成長するには「遊び」も必要ですが、遊びは努力とワンセットになって成長の糧《かて》となることを忘れてはなりません。

心理学者アルフレッド・アドラーは、「努力することなしに手に入れた成功は滅びやすい」と言っています。

サッカー元日本代表監督イビチャ・オシムは選手の成長について「子供が成長するように時間をかけて、ということだ。早く育ちすぎると壁を乗り越える力を得られなくなる」と語っています。

original

磨礪《まれい》は当《まさ》に
百煉《れん》の金の
如《ごと》くすべし。
急就《きゅうしゅう》の者は
邃養《すいよう》にあらず。
（前集一八八）

40

# やり続ければ、
# どんなことでも
# 凄い結果になる。

人が持って生まれる才能はさまざまですが、誰でも「努力する才能」は持っています。そして努力を続ければ、人はたいていのことを実現できるのです。「継続は力なり」は、ビジネスや学問、人づくりや自己修養、スポーツや芸事など、分野を問わない成長法の王道だといえるでしょう。

『菜根譚』も、こう説いています。

「つるべ縄も長い間には、のこぎりと同じく井《い》桁《げた》の木を切るし、雨だれも久しい間には、石に穴を開ける。これによっても道を学ぶ者は、努めて粘り強く求める心がけを持つべきである」

大切なのは、人に目立つ努力や、すぐに結果が出る努力だけでなく、地味で小さく、すぐに結果が見えない努力を、飽きることなくコツコツ続けることです。

もう一つ重要なのは、なんの工夫もなく続けるのではなく、たえず考え、改善しながら努力をすることです。

プロ野球の選手・監督の両方で活躍した落合博満《ひろみつ》氏は、素振りについて、できるならよけいな景色が目に入らない暗い部屋でやってほしいと、こう言っています。「そこで、実際に投手と対戦するイメージを高め、『必ず打つんだ、絶対にうまくなるんだ』という気持ちを込めてひと振りずつ積み重ねていく」と。

こういう「考える努力」を継続することが、大きな実りを得るコツなのです。

original

縄鋸《じょうきょ》も木《き》断《た》ち、水滴《すいてき》も石穿《うが》つ。
道を学ぶ者は須《すべか》らく力索《りきさく》を加うべし。

（後集一一〇）

41

誰も見ていなくとも
自分が見ている。
こっそり手を抜くと
自分を損なうのだ。

私たちは人目につく場所では正しくあろうとし、派手な仕事は頑張る一方で、人目のない場所ではよからぬことをしたり、地味な仕事だと手を抜いたりしがちです。

　もちろん、それではいけないと、『菜根譚』は、「肝臓を病むと目が見えなくなり、腎臓を病むと耳が聞こえなくなる」という漢方の考え方を述べたうえで、こう説いています。

「このように、病というものは、まず人に見えない体の内部に起こって、やがて必ず誰にでも見える体の外部に現れてくるものである。それゆえに君子たるものは、人目につくところで罪を得ないようにしたいと思ったら、まず人目につかないところで罪を得ないように心がけるべきである」

　連想されるのが、ギリシアの彫刻家フェイディアスの話です。

　彼はパルテノン神殿の屋根に立つ彫像群を、背中まで彫り上げて完成させました。ところが会計官は「誰にも見えない背中の分まで請求をするのはおかしい」と支払いを拒みました。フェイディアスは「いや。神々が見ている」と反論したというのです。

　この話に感銘を受けたピーター・ドラッカーは、常に完璧を求めて努力することの大切さを肝に銘じ、「神々しか見ていなくとも、完全を求めていかなければならない」という名言を残しています。

original

病は人の見ざるところに受けて、必ず人の共に見るところに発す。故《ゆえ》に君子は罪を昭々《しょうしょう》に得ることなきを欲せば、先《ま》ず罪を冥々《めいめい》に得ることなかれ。

（前集四八）

# 仕事は、手抜きをしたい自分との戦いである。

「小さなことは苦手だが、大きなことならお任せ」と言う人がいますが、偽者《にせもの》です。どんな小さなこともきちんとできてこそ、大きなことができるのです。

『菜根譚』は、あらゆる仕事を常に全力でやることの大切さを、こう説いています。

「小事だからとて手抜かりするようなことはなく、人が見ていないからとて欺《あざむ》き隠すことはなく、落ち目だからとて投げやりになることはない。このようであってこそ、初めてひとかどの人物である」

小さな仕事や地味な仕事だと手を抜く人は、本人としては「上手にやっている」つもりなのでしょう。しかし、手を抜いた仕事というのは、わかる人にはわかるものです。また、「どうせ大した仕事じゃない」という投げやりな気持ちは、態度や結果に現れます。周囲の人は見ていないようで案外と見ているし、意外な人が意外なところから見ているものなのです。

「見ている人は見ているのだから、いつも一生懸命でなくてはならない」とは、プロ野球の選手・監督の両方で活躍した野村克也《かつや》氏が現役を引退して去就《きょしゅう》に迷っていた時、評論家の草柳大《くさやなぎだい》蔵《ぞう》氏に言われた言葉です。こう言われた野村氏は、解説者として懸命の試行錯誤を繰り返します。そんな様子をじっと見ていたヤクルト・スワローズ社長・相馬《そうま》和夫氏から監督への就任を要請され、野村氏の野球人生は大きく開けたのでした。

original

小処《しょうしょ》に滲漏《しんろう》せず、
暗中に欺隠《ぎいん》せず、
末路《まつろ》に怠荒《たいこう》せず。
纔《わず》かに是《こ》れ個の
真正の英雄なり。

（前集一一四）

43

# 叱責してくれる人を師と思いなさい。

「君子」と「小人《しょうじん》」は、立派な道徳を身につけているかどうが基準になっています。中国では、元々は高い地位にある為政者を「君子」、庶民を「小人」と呼んでいましたが、後に道徳性で使い分けられるようになったのです。高位にあっても道徳性が欠如している人は「小人」、市井《しせい》の人でも道徳性の高い人格者は「君子」となりました。

『菜根譚』は、前集一八六で「つまらぬ小人どもを相手にするな。小人には小人なりの相手があるものである。また、立派な君子にこびへつらうな。君子は元々えこひいきなど、してくれないものである」と説いたうえで、本項の前集一八九で、こう説いています。

「つまらぬ人間に憎みそしられてもよいが、こびへつらわれるようであってはならない。立派な人物に厳しく責められてもよいが、見放されてお情けを受けるようであってはならない」

original

寧《むし》ろ小人《しょうじん》の忌毀《きき》するところと為《な》るも、小人の媚悦《びえつ》するところと為るなかれ。寧ろ君子の責修するところと為るも、君子の包容するところと為ることなかれ。

（前集一八九）

かつては上司が部下を、コーチが選手を、親が子を厳しく叱責する時に、「見込みがあるから叱るんだ。見込みがなければ何も言わない」と、よく言ったものです。

「叱られるうちが花」というように、真剣に叱ってくれる人がいるのはむしろ喜ばしいことです。叱ってくれる人を避け、甘やかす人を「いい人」と錯覚することだけは避けるようにしましょう。

44

# 富や力がなくても、心ない人にはなるな。

自分の外を飾る富や名誉、権力などよりも、自分の内にある仁愛や正義の心を磨き育てることが人格の完成につながります。『菜根譚』はこう説いています。

「彼が富の力でくるならば我は仁《じん》の徳をもって対抗するし、彼が爵位《しゃくい》でくるならば我は道義をもって対抗する」

こう続けています。「仁義をもって立つ君子は、もともと、富や爵位によって君主や宰相に籠絡《ろうらく》されるものではない。人は一念を通せば天にも勝ち、志《こころざし》が専一であれば気を率《ひき》い動かすことができる。そこで君子たるものは、君主や宰相にはもとより、造物者にも、型に入れられて意志の自由を束縛されるものではない」と。

original

彼は富もてせば
我は仁《じん》、
彼は爵《しゃく》もてせば
我は義をもてす。
（前集四二）

富や名誉を手にするにも本人の努力があったわけで、そういう世俗的価値のすべてを否定はできません。ただ、外見にばかり血道をあげず、内面を磨くことのほうが、より大切です。自信のない人ほど外見を誇りたがりますが、自信は、自分が成長すれば自然についてきます。

前集一八〇では、こう説いています。「自分の功業に得意になり、自分の学問を見せびらかすのは、みな自分以外の外の物に頼って人間として生きているにすぎない。この人たちは知らないのだ。心の本体が玉の輝くように明らかで、本来の光を失わなかったならば、たとえ少しの功績もなく、一字も読めなくとも、正々堂々たる人間として生きていけるということを」と。

45

平凡な行為を
平凡に続けることが
非凡なのである。

自己修養に近道はなく、ひとかどの人物になるための奇手妙手は存在しません。

『菜根譚』はこう説いています。

「陰謀や奇習、風変わりな行為や不思議な芸当などは、いずれも世間を渡る上での災《わざわい》の種《たね》である。（これらではなく）、ただ平々凡々の徳という行いを積むことだけが、本来の姿をまっとうして、平和を招くものである」

これはビジネスの世界でもいえることです。トヨタ中興の祖・石田退三《たいぞう》氏は、自らの経営について概略こんなことを話しています。

「私が考え、行う経営は、きわめて常識的な、とんと当たり前のものだった。世間では奇手妙手を売り物にする経営者もいるが、私はとてもそんな器用な真似はできない。あくまでも平々凡々、当たり前のことをしごく当たり前にやるだけであった。ただし、やるからにはトコトンまでやる、万難を排してどこまでもやり遂げる、ただそれだけのことである」

当たり前のことを当たり前にやるのは、実はとても難しいことです。それをトコトンまでやるところにトヨタの凄さがあるのでしょう。

常識破りの奇抜なアイデアによって成功する経営者も時にはいます。しかし、当初は奇抜と感じられた経営が案外と理にかなっていて、その後も成長していくケースは少なく、ほどなく消え去る場合がほとんどです。平々凡々の積み重ねは成長の王道なのです。

original

陰謀怪習《かいしゅう》、異行奇能は、倶《とも》に是《こ》れ世を渉《わた》るの禍胎《かたい》なり。ただ一個の庸徳《ようとく》庸行のみ、便《すなわ》ち以《もっ》て混沌《こんとん》を完《まった》くして和平を召《まね》くべし。

（前集一七八）

46

# 成功は
# 運のせい、
# 失敗は
# 自分のせいにする
# 人が成長する。

『菜根譚』は、人をとがめず自己を反省する大切さをこう説いています。

「自己を反省する者にとっては、何事に触れてもみな良薬となるが、人の過失をとがめる者にとっては、心を動かすごとにみな自分を傷つける矛《ほこ》となる」

こう続けています。「前者はもろもろの善行を積む路《みち》を開くものであるが、後者はもろもろの悪事を重ねる源を深くするものである。両者の相違は、まさに天地雲泥の差である」と。

物事がうまくいかない時に、すべてを誰かのせいにするのは非常に楽です。人を批判するのは簡単であり、自分を省みて改めるのはつらいことだからです。

しかし、人を批判することで自分が成長することはありません。品性が低くなるばかりです。自分の弱さや欠点を認めてコツコツ修正することで、初めて人は成長できるのです。

パナソニック創業者の松下幸之助《こうのすけ》氏は「成功は運のせい、失敗は自分のせい」と言いました。

うまくいった時に「自分の力だ」と考えると、おごりや油断が生じます。成功の過程にも小さな失敗やミスがありますが、それが見落とされ、次は失敗するでしょう。一方、失敗した時に他人や不運に責任転嫁してしまうと反省がなくなり、やはり失敗を重ねるはずです。

成功した時も失敗した時も同じように「なぜ？」と自問し、常に反省することが大切なのです。

original

己《おのれ》を反《かえり》みる者は、
事に触れて皆
薬石《やくせき》と成《な》り、
人を尤《とが》むる者は、
念を動かせば、
即《すなわ》ち是《これ》れ戈矛《かぼう》なり。

（前集一四六）

47

怒りに
流されなければ、
怒りは
すぐ流れ去る。

大切な自己修養に、怒りのコントロールがあります。怒りには不快、激怒、怨み、反抗心、嫉妬など多くのマイナス感情が含まれ、抑制できれば君子といってよいでしょう。

『菜根譚』は、その方法をこう説いています。

「烈火のような怒りと洪水のような欲情が沸き立った時に、我が心にはそれとはっきり知っていて、また知っていながらつい犯してしまう。この時、そのはっきりと知る者は誰であるのか、また知っていながら犯してしまうものは誰であるのか。ここで忽然《こつぜん》として思い返すことができれば、その邪悪な魔性のものは退散して、たちまち良心が現れてくる」

original

怒火慾水《よくすい》の正《まさ》に騰沸《とうふつ》する処《ところ》に当たりて、明々に知得し、また明々に犯着《はんちゃく》す。知る的《もの》は是《こ》れ誰ぞ、犯す的は是れ誰ぞ。此《こ》の処能《よ》く猛然として念を転ずれば、邪《じゃ》魔便《すなわ》ち真君《しんくん》とならん。

（前集一一九）

ざっくりいえば、怒りにとらわれそうになったら一歩下がり、自分の心と冷静に対話すればいいということです。

一歩下がる方法については、自己啓発作家デール・カーネギーが二つの提案をしています。

一つは人を非難したい衝動に駆られたら、手紙（今ならメール）を書いて送らずに手元に置き、二、三日後に読み返すことです。怒りは収まり、自分を冷静に見つめ直せるでしょう。

もう一つは、目の前の相手に癇癪《かんしゃく》を起こしそうになった時、五分間口を閉じることです。たいていの怒りは五分もすれば通り過ぎますから、落ち着いて対処できます。

# 6.

# 「明日やる」の明日は永遠に来ない

48

# いつかやめようの
# いつかはいつまでも
# 来ない。

何かをやめる決断は難しいものです。「時期を見て」などと先延ばししているうちに月日が過ぎ、やめるにやめられなくなったりします。『菜根譚』はこう指摘しています。

「人は何事につけ、思い切って即座にやめれば、それで即座にけりがつくものである。ところがもし、やめるのに適当な時機というものを見つけてからと思うと、（いつまで待ってもその時機は来るものではない）、嫁取り嫁入りをすっかり済ましてしまっても、俗事はいっこうに少なくならないし、（それではと）、出家して僧や道士《どうし》になるのがよいと思っても、そんなことでは心性を悟り切れるものではない」

original

人肯《あえ》て当下《とうか》に休《きゅう》せば、
便《すなわ》ち当下に了《りょう》せん。
若《も》し個の歇《や》む処《ところ》を
尋《たず》ねんことを要せば、
則ち婚嫁完《まった》しと雖《いえど》も、
事もまた少なからず、
僧道好《よ》しと雖も、
心もまた了せず。

（後集一五）

そして、古人の「今すぐにやめてしまえばやめられるが、やめる時機を見つけようとしたら、やめる時機はない」という言葉を引き、「卓見である」と言っています。

ビジネスでもそうです。組織のトップを見ても、引き際を誤る人が少なくありません。赤字の事業から撤退できないままに傷口を広げることもよくあります。

「思い立ったが吉日」といいます。やめるのは「時機を見て」ではなく、「即座に」が正しい判断なのです。

なお、前集一五四では引き際について「官位を去るには、全盛の時にする」と時期を明確に言い切っています。

49

# 引き揚げラインは
# 始める前に
# 引いておけ。

いったん始めると、まずい状況になっても、「せっかく始めたのだから」「社長案件だから」などという理由でやめ時を誤ることがよくあります。そんな状態を「騎虎《きこ》の勢い」といいます。虎の背に乗ってしまった者は、降りれば噛み殺されるために行くところまで行くしかありません。そのように、行きがかり上やめられなくなった状態を指す言葉です。

そんな状態を防ぐために、『菜根譚』はこう説いています。

「一歩踏み出すところで、そこで一歩退く算段をしておけば、なんとか、向こう見ずに進んだ雄羊《おひつじ》が垣根《かきね》に角《つの》を突っ込んで進退きわまるような災いを免れられるであろう。また、事業に当たっては、いざ着手する時に、まずその事業から手を引く時の工夫をしておけば、それでこそ騎虎の勢いでみすみす陥るような危険を逃れられるであろう」

original

歩を進むるの処《ところ》、
便《すなわ》ち歩を退くを思わば、
庶《こいねが》わくは藩《まがき》に
触るるの禍《わざわい》を免れん。
手を着くるの時、
先《ま》ず手を放つを図らば、
纔《わずか》に虎に騎《の》るの
危きを脱《のが》れん。

（後集二九）

京セラ創業者・稲盛《いなもり》和夫氏は通信事業に参入する（現在のａｕ創業）時、無謀だと諫《いさ》める役員たちをこう説得したといいます。「会社には千五百億円の金がある。これを使わせてくれ。千億円までで打ち止めにする」と。始める前に、これを超えてもダメなら撤退する引き揚げというラインを決めたのです。それは失敗を前提としたラインではなく、そこまでは全力で頑張るという勇気を生むためのラインでした。

50

# 信頼できない人の
# 思想信条は
# 指針にしない。

決断する時に周囲に付和雷同したり、右顧《うこ》左眄《さべん》したりするのは禁物だと、『菜根譚』はこう説いています。

「飢えている時にはまつわりついて来て、満腹すれば飛び散ってしまう。裕福なところへは集まって行き、落ち目になればすぐ見捨てて寄りつかない。これが世俗の人情の通弊《つうへい》である。このような世俗に対して、君子たる者は、冷静な眼をさらにぬぐい清めて直視せよ。そして慎んで軽々しくその信念を変えてはならない」

　人の気持ちは移ろいやすいものです。だから、決断する時は「みんなの意見」とか「世間にどう思われるか」は胸にとどめて、自らの信念に従うことが必要です。

「人間は不遇になった時、初めて友情の何たるかを知るものだ」とは、加賀百万石の基礎を築いた前田利家《としいえ》の言葉です。利家は若い頃、主君の織田信長に取り入る傲慢な坊主を切り殺して閉門《へいもん》を命じられたことがあります。その時、周囲の人間の対応は三つに分かれました。「いい気味だ」と嘲笑する者、「利家は信長を恨んだのでは？」と疑う者、心の底から心配してくれる本当の友人です。そして本当の友人はわずか一人か二人だったといいます。

　決断の参考には、みんなの意見ではなく、本当の友人の意見に絞ることが大切です。

original

餓《う》うれば則《すなわ》ち附《つ》き、飽けば則ち颺《あが》り、燠《あたた》かなれば則ち趨《おもむ》き、寒ければ則ち棄《す》つるは、人情の通患《つうかん》なり。君子は宜《よろ》しく当《まさ》に冷眼を浄拭《じょうしょく》すべし。慎んで軽《かるがる》しく剛《ごう》腸《ちょう》を動かすことなかれ。

（前集一四三）

51

考える時は
人に意見を求める。
決める時は
一人で決める。

自分の意見をなかなか貫けない時があります。たとえば、会議でみんなが賛成しているのに異議を唱える場合です。決して反対ではなく、「こうしたほうがいい」「ここは検討すべきだ」といった建設的な異議であっても、周囲から反対者、異端者だという暗黙のプレッシャーがかけられます。迷いが生じて結局黙り込んだ経験は誰にでもあるでしょう。

『菜根譚』はこう説いています。

「たとい大勢の人が疑いを持つからとて、自分が正しいと信ずる意見をやめてはならない。さりとて、自分の意見だけを信じて、人の正しい発言を採り上げないようではならない」

成功者は多数の声に逆らってでも、自分の「内なる声」に忠実なものです。

ウォーレン・バフェットの師である経済学者ベン・グレアムが、こう言っています。「みんながあなたと正反対の考えであろうとも、そのこととあなたの判断の正否とは無関係だ」と。

みんなの声に安易に同調することはとても危険です。かといって、みんなの声を排除するのも愚かなことです。みんなの声を聞くことで、自分の「内なる声」を客観的に再評価することが大切になります。「自分は正しい」と思えるなら、内なる声を信じて進むべきです。

最もいけないのは、その場ではみんなの声に流されていながら、後になって「自分はこうだったんだ」とグチることでしょう。

original

群疑《ぐんぎ》に因《よ》りて
独見《どっけん》を
阻《はば》むことなかれ。
己《おのれ》が意に任《まか》せて
人の言を
廃することなかれ。
（前集一三〇）

52

# 判断の基準は、
# 自分より仲間、
# 仲間より社会、
# 社会より世界。

判断に迷った時は「自分」「私」をいったん置き、「仲間のため」「社会のため」「世界のため」といった、より大きな基準で考えるとうまくいくものです。

『菜根譚』もこう説いています。

「大事業を成し遂げる人というものは、多くは虚心で円滑な人である。（これに反して）、事業に失敗し機会を失うような人は、必ず片意地で執念深い人である」

松下幸之助氏も、大業を成すには私欲があってはならないと指摘しています。

した。松下氏は確かな人物のみを役職に登用しているつもりでしたが、時には「あの人物がなぜこんな間違いを？」ということがあり、理由をよく調べました。すると、同じように確かな人物でも、「私がない人」と「私がある人」の二種類があり、後者は決断にあたって「私」が出てきて迷い、間違いに陥ることがあったといいます。

人間である以上、自分を完全に捨てることはできませんが、つとめて自分を無にし、大きな基準で考えるようにすれば、正しい選択と素晴らしい成果を手にできるのです。

連想されるのが、西郷隆盛の「命もいらず、名もいらず、官位も金もいらぬ人は、始末に困るものなり」という言葉です。こう続きます。「この始末に困る人ならでは、艱難《かんなん》を共にして国家の大業は成し得られぬなり」と。こうした欲のなさが西郷の決断力と人望を支えていたのです。

original

功を建て業を立つる者は、多くは虚《きょ》円《えん》の士なり。事を蕢《やぶ》り機を失う者は、必ず執拗《しつよう》の人なり。

（前集一九四）

53

問題が見えぬうちに
対策を打つのが
真の対策である。

遠い将来のために今からこれをやろうと決めるのは、簡単なようで難しいものがあります。『菜根譚』はこう言っています。

「老後の病気は、すべて若い時に摂生《せっせい》しなかった報いであり、下り坂になってからの災いは、すべて盛んな時に無理をした罰である。そこで君子たる者は、羽振りのよい満ち足りた時に当たって、特に恐れ慎むことを要する」

好調な時は問題は目立ちませんが、不調になると一気に表面化します。つまり問題は不調になったから生じたのでなく、好調な時に芽生えていることが多いのです。

まだトヨタが今ほどの規模ではなかった昭和の時代、石油ショックによって日本のほぼ全企業の業績が悪化したことがありました。そんな中でトヨタだけは好決算だったことから、「その秘密は？」と世間の注目が集まりました。

しかし、実は秘密などなく、戦後一貫して改善や合理化に取り組んできた結果でした。トヨタ式を指揮してきた大野耐一氏は「本当の合理化は景気が好調な時にやらないとダメなんです」と説明し、概略こう続けています。「改善や合理化は地面の下に隠れた基礎工事。日常的には目に見えないが、これをしっかりやっておかないと建物は砂上の楼閣《ろうかく》になってしまう」と。地味な対策を日頃から怠らないことが大切です。

original

老来の疾病《しっぺい》は、都《すべ》て是《こ》れ壮時《そうじ》に招きし的《もの》なり。衰後の罪孽《ざいげつ》は、都て是れ盛時に作《な》せし的なり。故《ゆえ》に盈《えい》を持《じ》し満を履《ふ》むは、君子尤《もっと》も兢々《きょうきょう》たり。

（前集一〇九）

# 7.

# 無欲な者が最も豊かである

# 持っているもので贅沢に暮らせる者が最も豊かである。

「**足**るを知る（知足《ちそく》）」は、今を満足な状態だと知って不満を抱かないという意味の老子の思想で、中庸と共に『菜根譚』を貫く考え方の一つとなっています。

『菜根譚』は「物を得たいと欲張る者は、金《きん》を分けてもらっても、その上の玉《ぎょく》をもらえなかったことを恨む。公爵の爵位を与えられても、その上の領土を持つ諸侯にしてくれなかったことを恨む。このようにして権門豪家でありながら、我から乞食《こじき》同然の心根《こころね》に甘んじている」と述べたうえで、こう説いています。

「ほどほどで満足することを知る者は、あかざのあつもの（粗食）でも、よい肉や米よりもご馳走であると思い、布でつくったどてらを着ても、高価な皮衣《かわごろも》よりも暖かいと思う。このようにして貧しい庶民でありながら、心根は王侯貴族よりも満ち足りている」

　今の自分に満足せず、「もっと」を求める欲はとても大切です。「もっとうまく」「もっと学びを」という意欲があるからこそ成長し、成功をつかむこともできます。

　しかし、欲はお金や地位に向かうと変質します。いくら得ても満足できず、際限ない飢え苦しみが始まります。意欲がそうした我欲、強欲に変質しないように注意すべきです。

　石庭《せきてい》で有名な京都の龍安寺《りょうあんじ》に、「吾唯足知《われただたるをしる》」の四文字を刻んだつくばいがあります。知足は仏教でも大切な心構えなのです。

original

足るを知る者は、
藜羹《れいこう》も膏粱《こうりょう》より
旨《うま》しとし、
布袍《ふほう》も狐貉《こかく》より
煖《あたた》かなりとして、
編民も王公に
譲らず。

（後集三〇）

55

幸福は無欲から、
不幸は多欲から
生じているのである。

我欲や強欲にとらわれた人の問題点を、『菜根譚』はこう指摘しています。

「豪奢な人は、いくら富裕であっても、（贅沢をするので）、いつも不足がちである。ところが、倹約を守る人は、いくら貧乏であっても、（つつましいので）、いつも余裕がある。つつましいほうが、どれほどよいかわからない」

少し前、貯蓄ゼロ世帯が三世帯に一世帯近く存在すると報道されたことがあります。必ずしも年収が低いほど貯蓄ゼロ世帯が増えるわけではなく、年収八百万円でも結構多く、年収一千万円超でも散見されるというから驚きです。

そうなる理由は、ひとえに「使いすぎ」にあるとマネー関係者の多くが指摘します。

年収が低い頃はつつましく暮らしていた人も、年収が増えるにつれて節度なくお金を使うようになります。「いい家に住みたい」「子供をいい学校に入れたい」「車も服もワンランク上に」と願うままに支出が増え、使いすぎの領域に入ってしまうのです。

「使うお金は、入るお金より少なく」という当たり前の生活が壊れ、気がつけば、それなりの収入があるのに貯蓄はゼロでギリギリの生活になっていたりします。

粗衣粗食から美衣美食に変わるにつれて汚れのない心が失われるというのが『菜根譚』の考え方です。豪奢な生活には魔力と落し穴があります。憧れたり、からめとられたりしてはいけないのです。

original

奢《おご》る者は
富みて而《しか》も足らず、
何ぞ倹なる者の
貧にして而も
余りあるに如《し》かん。
（前集五五）

56

# 力を持つ者ほど危うきに近寄るな。

人を狂わせる欲の一つに権力欲があります。権力の魅力と魔力は、人を育てもしますが、堕落もさせるものです。公権力はもちろん、組織にもさまざまな権力が存在します。それを握る人間には注意が肝要です。

『菜根譚』は、権力を握る者の心得について、こう説いています。

「いやしくも君子たるものが、権力の座におり重要な地位につけば、言行は厳しく公明にして、しかも気持ちは穏やかでやさしくせよ。うかうかとして、腹黒い輩《やから》に近づいてはならないし、また、つい過激になって、蜂《はち》や蠍《さそり》のような小人《しょうじん》どもの毒に刺されてはならない」

original

士君子、

権門要路《ようろ》に処《お》れば、

操履《そうり》は厳明《げんめい》なるを要し、

心気は和易《わい》なるを要す。

少しも随いて腥羶《せいせん》の

党に近づくことなく、

また過激にして蜂蠆《ほうたい》の

毒を犯すことなかれ。

（前集一七四）

とりわけ長期にわたる権力は腐敗しやすいものです。「権腐《けんぷ》十年」という通り、最初は清廉《せいれん》潔白で公明正大だった人物も、五年、十年と権力の座に居座るうちに、ワンマンになったり、汚職に手を染めたりしがちです。周囲の人間が思惑《おもわく》や忖度《そんたく》で動くようになり、本人もそれに慣れ切ってしまうからでしょうか。権力者ほど平然と、また頻繁に嘘をつくようになることも、日頃から見聞きする通りです。

権力は、手に入れたいという欲望と、他人に取られて失いたくないという二つの欲望を生じさせます。それだけに、権力者は言動によほど気をつけないと、身を滅ぼしかねません。

57

小さなルールを
破るとレールを
大きく踏み外す。

物欲や我欲、権力欲などにとらわれないためには、小欲をコントロールすることが大切です。『菜根譚』はこう説いています。

「心が動いた時、我欲のほうへ行きそうだと気がついたら、それこそすぐに正しい道のほうへ引き戻せ。一念が迷った時にはすぐに気づいて、気づいたらすぐに改めるようにする」

こう続けています「これこそ禍《わざわい》を福に転じ、死を生にひるがえすきっかけである」と。「決して軽く見て見逃してしまうようなことがあってはならない」と念押しまでしています。

悪い気持ちがきざしたら、すぐ根から引き抜く習慣をつけることが、幸福な人生とすぐれた人格をつくり上げるのです。

「小さなことで規律を破ると、大きなことでも破るようになる」とはウォーレン・バフェットの言葉です。

バフェットは若い頃、競馬で大損して以来、基本的に賭け事はしないという自己ルールをつくりました。後年大富豪となってゴルフ仲間から「三日間のプレー中にホールインワンを決めたら二万ドル。賭け金はわずか十ドル」という有利な賭けを持ちかけられた時も、全員が参加した中で、バフェットだけは断っています。

「このくらいはいいだろう」というゆるみが大きな過ちになることをよく知っていたのです。

original

念頭起こる処《ところ》、纔《わずか》に欲《よく》路上《ろじょう》に向って去るを覚《さと》らば、便《すなわ》ち挽《ひ》きて理路上より来たせ。一たび起こりて便ち覚り、一たび覚りて便ち転ず。

（前集八六）

58

# 誘惑から
# 逃げるのは難しい。
# 最初から
# 近づかないことだ。

世の中は誘惑や安楽に満ちており、かつ人は安逸に流れやすいものです。どうすれば欲を断ち、困難に立ち向かう強さが得られるのでしょう。『菜根譚』はこう説いています。

「欲望上のことは、手っ取り早くついでだからといって、かりそめにも手を出してはならない。一度、手を出したが最後、（その味を覚え、一度その味を覚えてしまうと、それに溺れてゆき）、ついには万仞《ばんじん》の深みに落ち込んでしまう」

こう続けています。「（これと反対に）道理上のことは、その困難なことを億劫《おっくう》がって、ほんの少しでも尻込みしてはならない。一度、尻込みしたが最後、（よけいに億劫になり、一度億劫になり出すと、ますます億劫になってきて）、ついには千山を隔てまったく追いつくすべもなくなってしまう」と。

この言葉を聞いて、耳が痛いと感じる人は多いのではないでしょうか。

いくら世の中が誘惑や安楽に満ちていても、だからといって堕落するわけではありません。私たち自身が自分の欲望にとらわれて誘惑や安楽になびいてしまうから堕落するのです。

人生の大事を成すには根気や我慢が必要で、誘惑はその障害になります。いちいち意志の力で誘惑を断つのには限界もあるので、誘惑は最初からシャットアウトし、近づかないのが最もいいのです。

original

欲路上のことは、
その便《べん》を楽しみて
姑《しばら》くも染指《せんし》を
為《な》すことなかれ。
一《ひと》たび染指せば、
便《すなわ》ち深く
万仞《ばんじん》に入らん。
（前集四〇）

59

真実が見えないのは
心が暗幕に
覆われているからだ。

私たちは世界を目で見ているようで、実は心で見ています。そのため、心の状態によって世界がまるで違って見えるものです。

『菜根譚』がこう指摘しています。

「心が動揺している者は、弓の影の映るを見ては蛇《へび》かと疑い、草むらに横たわる石を見ては伏した虎《とら》かと見違える。そこには、見るものすべてが殺気に満ちている」

「弓影」とは、壁にかけた弓の影が杯《さかずき》の酒に映って蛇に見え、飲んだ人は病気になったが、後で弓の影だったと知った途端に治ったという「杯中《はいちゅう》の蛇影《じゃえい》」の故事によります。

「寝石《しんせき》」とは、草陰の石を虎に見誤って矢を射たら深く刺さったが、石だと知ってから改めて射ると刺さらなかったという「石に立つ矢」の故事です。

『菜根譚』はこう続けています。「(これに反して)、心が落ち着いている者は、暴虐な石虎のような男をも、海の鴎《かもめ》のように従順にさせることができ、騒がしい蛙《かわず》の鳴き声をも、鼓《つづみ》や笛のように美しい音楽として聴くことができる。そこには、触れるものすべてが真実な働きを表す」と。

original

機動くは、
弓影《きゅうえい》も疑いて
蛇蝎《だかつ》となし、
寝石《しんせき》も視《み》て
伏虎《ふくこ》となし、
此《こ》の中《うち》、渾《すべ》て
是《こ》れ殺気なり。

(後集四八)

人は心に雑念があると疑心暗鬼になり、すべてにびくびくし、どんな話も素直に聞なくなります。雑念があると考えがまとまらず、大事なことに集中できなくなります。よく生きるには、心を鎮《しず》めて雑念をなくすことが肝心です。

60

# 貧老病の自分を想像することで欲を管理できる。

心を鎮めて雑念をなくす方法の一つとして、『菜根譚』は立ち位置を対極に変えてみることを勧め、こう説いています。

「人は富貴の地位にいる時に、貧賤《ひんせん》の地位にある者の苦痛を思いやることが必要である。また、若く盛んな時に、年老いた後のつらさを思いやるべきである」

このように対極に思いをはせることが大切な理由を、後集五七でこう述べています。

「老年になった時の心持ちで若い者を眺めれば、互いに駆け回り追い争っている功名を求める心持ちを、消すことができよう。また、落ちぶれた時の気持ちで栄えている暮らしを眺めれば、うわべだけの華やかな栄華を求める気持ちを、絶ち切ることができよう」と。

普通は、年老いてから若い時代を思い出したり、苦しい時によき時代を思い返したりするものです。その反対の発想をするのはとても難しいことですが、それだけに、我欲にとらわれた自分を反省し、今をどう生きるかを考える大きなヒントが得られるでしょう。

これはビジネスの世界でも同じです。

「二階級上の立場で考えろ」という言葉があります。平社員なら課長に、課長なら専務になったつもりで発想しろということです。すると視野が格段に広がります。自分とか自分の仕事とかに対するこだわりが薄れ、部署全体や会社、社会からの発想が可能になるのです。

original

富貴《ふうき》の地に処しては、貧賤《ひんせん》の痛癢《つうよう》を知らんことを要す。少壮の時に当たりては、須《すべか》らく衰老の辛酸を念《おも》うべし。

（前集一八四）

61

中庸にとどまれ。
頂点をきわめたら
凋落が待つのみだ。

「この世をばわが世とぞ思う望月《もちづき》の欠けたることもなしと思えば」とは、平安時代に権力の頂点に立った藤原道長《みちなが》の歌です。世俗的な欲望のすべてをかなえた人ならではの述懐ですが、違和感を感じる人も多いでしょう。

なぜなら、普通は「満ちたものは欠ける」のが常識だからです。常識のベースには、栄華をきわめたら必ず衰退に向かうし、持ちすぎると災いを招くという健全な畏《おそ》れがあります。

中国には、富貴や名声が頂点に達すると災いを招くという意味の「盈満《えいまん》の咎《とが》」という言葉があるそうです。『菜根譚』も同様のことを説いています。

「富貴の極におる者は、器《うつわ》の水があふれようとしてあふれずにいるようなものである。それ以上、切に一滴でも加えることを忌《い》むのである」

こう続けています。「さし迫った危急の場におる者は、木が折れようとして折れずにいるようなものである。それ以上、もう一度ひと押さえでも加えることを忌むのである」と。

「あと一押し」は、壁を超える時にはいい意味で使われますが、瀬戸際の時には限界を超えてしまう意味になります。

英語には「ラストストロー」という表現もあります。限界まで藁《わら》を背負ったラクダは、わずか一本の藁を加えられても倒れるという意味です。欲にとらわれそうな時は、その先の「あと一押し」の恐ろしさを想像してみましょう。

original

盈満《えいまん》に居る者は、
水の将《まさ》に
溢《あふ》れんとして未《いま》だ
溢れざるが如《ごと》し。
切に再び一滴を
加うることを忌《い》む。
（前集二〇二）

# 8.

# 生涯現役なら老後はない

62

# 生涯現役なら老後はない。

『菜根譚』は、人生後半をいかに生きるべきかについても言及しています。人生百年時代の現代日本と当時の中国とでは、年齢の概念は違うでしょう。しかし、仕事や子育てといった社会的責務の大半を終えた年代だけが得られる心の豊かさと、人生の総仕上げに向かう深い感覚は、古今東西変わりないに違いありません。

『菜根譚』は、それをこう述べています。

「日がすでに暮れても、なお夕《ゆう》映《ば》えは美しく輝いているし、歳《とし》の暮れに当たっても、橙橘《とうきつ》のたぐいは一段とよい香りを放っているではないか。そこで、晩年に際しては、君子たるもの、一段と精神を振るい立たせて最後を飾るがよい」

人生後半を、「老後」「余生」ととらえる人と、「再出発」「完成期」ととらえる人がいます。洪自誠は、前者には「あなたは君子でしょう？　だったら頑張ろうよ」とエールを送り、後者には「お互い、この道を行きましょう」と共感のシグナルを送っているのに違いありません。

「限界は他人が決めるのではなく、自分が決める」という言葉があります。「もう六十代だから」「さすがに七十代になれば」といったレッテルから自由になり、精神を奮い立たせることで人生後半を輝かせたいものです。人は何歳になっても学び、挑戦し、行動することで生き生きと暮らせます。

original

日既《すで》に暮れて、
而《しか》もなお烟霞絢爛《えんかけんらん》たり。
歳将《としまさ》に晩《く》れんとして、
而も更《さら》に橙橘芳馨《とうきつほうけい》たり。
故《ゆえ》に末路晩年は、
君子更《さら》に宜《よろ》しく
精神百倍すべし。
（前集一九六）

63

# リセットボタンをどこかで押すことで人は輝き続けられる。

人生後半の大切さについて、『菜根譚』はこう説いています。

「浮き名を流した妓女《ぎじょ》（遊女）でも、晩年に縁を得てよく夫に仕えたならば、それまでの浮いた暮らしも妨げにはならない。（これに反して）、貞節な妻でも、白髪になってから操《みさお》を破ったならば、それまでの清い苦労も水の泡になる。諺にも『人の値打ちを見るには、ただ後の半生を見るだけでよい』と。まことに名言である」

連想されるのが、米国史上最も莫大《ばくだい》な富を築いたとされるジョン・ロックフェラーです。彼は石油精製業の九三％のシェアを握るほどの大成功をしましたが、五十三歳の頃に死に瀕する病にかかります。ロックフェラーは、金、金、金で人々に憎まれてきた生き方を反省、慈善事業に積極的に取り組み始めました。すると病気は回復、人々の感謝の中で九十八歳まで長生きしたのです。

好対照なのが、米国初のビリオネアと呼ばれたジャン・ポール・ゲティです。彼は油田開発で巨万の富を手にしたものの、人生後半もお金に執着し続けました。誘拐《ゆうかい》された孫の身代金を値切るほどで、ついに「自分がいつか孤児になろうとは思ってもみなかった」と嘆くほど寂しい晩年を迎えたのでした。

人生後半は晩節を汚《けが》すまいという発想も持ちたいものです。

original

声妓《せいぎ》も晩景《ばんけい》に良《りょう》に従えば、一世の胭花《えんか》も碍《さまた》げなし。貞婦も白頭に守りを失えば、半生の清《せい》苦《く》も倶《とも》に非なり。語に云《い》う、「人を看《み》るには只《た》だ後の半截《はんせつ》を看よ」と。真に名言なり。

（前集九二）

64

# 定年は自分の力で人生を面白くする転換点。

ビジネスパーソンにとって後半生最大の出来事は、会社を去ることでしょう。それに関して、『菜根譚』はこう説いています。

「栄位のゆえに我を人が尊ぶのは、この身につけた高い冠や大きな帯のためである。そうとすれば、元々我を人が尊ぶのではないから、どうして喜んでおられようぞ」

同じ一節でこうも述べています。「微賤《びせん》のゆえに我を人が侮《あなど》るのは、この身につけた木綿《もめん》の衣服とわらぐつのためである。元々我を人が侮るのではないから、どうして腹を立てておられようぞ」と。

衣冠束帯《いかんそくたい》の本家・中国では、古くから服装や身なりによって官位や身分がわかるようになっていました。官位を去れば外見までがガラリと変わったのです。

現代はそこまで見た目が激変することはありませんが、退職に伴って会社の肩書きや名刺を一夜にして失う喪失感は、実に大きいものです。「嘱託で残ったが誰も挨拶しなくなった」「多かったお歳暮がゼロになった」などという嘆きをよく耳にします。

しかし、「無位無官」になった後にかつての地位に恋々とするのも、地位を失った寂寞《せきばく》を悲しむのも愚かなことです。積み上げてきた人間的な徳をさらに磨き、本当の意味で尊敬される人間になろうと、意識をギアチェンジすることが大切です。

original

我貴くして人これを奉ずるは、此の峩冠大帯《がかんだいたい》を奉ずるなり。

（中略）然《しか》らば則《すなわ》ち原《もと》我を奉ずるにあらず、我胡《なん》ぞ喜びを為《な》さん。

（後略）

（前集一六九）

65

新しい居場所では
立ち居振る舞いも
新しくすべきである。

士《し》太夫《たいふ》とは、高等文官の登用試験に合格して指導的地位に就いた人のことです。『菜根譚』には何度も官僚や組織人、権力者の心得が登場します。それは洪自誠が一時は官僚として活躍したものの、やがて辞し、故郷で晩年を迎えたという推測の根拠にもなっています。同時に、現代の宮仕えであるビジネスパーソンが『菜根譚』に感情移入しやすい理由でもあるでしょう。

『菜根譚』は、組織人の生き方を「士大夫たるものは、官職にいる時は、手紙の類にも節度がなければならない。それは人に自分の心を見透かされないようにして、小人が僥倖《ぎょうこう》（思いがけない幸い）を得るきっかけをつくるのを防ぐ必要がある」としたうえで、それと対比させる形で、組織を離れて地域社会で暮らす心構えをこう説いています。

「（官職を退いて）、郷里にいる時は、際立って高く止まっていてはならない。それは人に自分の心を見通しやすいようにして、昔からの古い交わりを一層厚くする必要がある」

現代でも、定年後に地域で暮らすようになったら会社員時代の考え方を切り換えよ、とよくいわれます。それなりの地位にいた人は意識的に自己変革を図らないと、地域で浮いてしまうでしょう。

人生の第一ハーフとは戦術戦法をガラリと変えてこそ、充実した第二ハーフが実現します。

original

士大夫《したいふ》、（中略）郷《ごう》に居ては、崕岸太《がいがんはなは》だ高かるべからず。
人をして
見易《やす》からしめて、
以《もっ》て旧好を
敦《あつ》くせんことを要す。
（前集二一〇）

66

# 人生は
# 短くはない。
# 短いとしたら
# 浪費しているのだ。

人間にとって百年はとても長い時間ですが、悠久の宇宙では一瞬に過ぎません。一瞬だからこそ、一日一日を精一杯生きなければ、という気持ちになるのでしょう。

『菜根譚』は人間の有限性を「天地は千秋万古、永遠に存在するが、この身は二度と生まれてはこない」としたうえで、こう説いています。

「しかも、人生はただ百年にすぎないのに、月日の経つのははなはだしく早い。そこで、幸いにこの天地の間に生まれてきたからには、人間として生まれた命の楽しみを知らなければならないし、また、この人生を空しく過ごしはせぬかという恐れを持たなければならない」

original

人生は只《た》だ百年のみ、
此《こ》の日最も過ぎ易《やす》し。
幸いにその間に
生まるる者は、
有生《ゆうせい》の楽しみを
知らざるべからず、
また虚生《きょせい》の憂いを
懐かざるべからず。
（前集一〇七）

かつて作家の水上勉《みずかみつとむ》氏が「若い頃に戻れるとしたら何をしますか」と聞かれ、「もっと勉強したいですね。それから恋愛をしたい」と答えていました。水上氏は豊かな教養を持ち、女性にも人気でしたが、それほどの人でも、やり残したことが少なくないのです。『菜根譚』の言葉は、私たち人間共通の感慨でしょう。

スティーブ・ジョブズも概略こう語っています。「十七歳の時に『日々を最後の日のように生きよ』という言葉に接して以来三十三年間、私は毎日鏡を見るたびに『今日が人生最後の日だとしたら、私は今日予定していることをしたいと思うだろうか』と問いかけてきた」と。

67

何かを犠牲にする
という考え方では
幸せは得られない。

家庭や家族がどれほど大切であるかを、『菜根譚』はこう説いています。

「どの家庭の中にも、一個、真正の仏様というものがいるし、普段の日常生活の中にも、一種、真正の道士《どうし》がいる。それは人間として、真心をもって仲よくし、にこやかな顔で楽しく語り合って、父母や兄弟の間柄を、体までお互いに打ち解けさせ、気持ちもお互いに通じ合うようにさせることであって、これこそ（道教の）調息《ちょうそく》や（坐禅の）観心《かんしん》（をするよりも、万倍もまさっている」

家庭が円満で家族の心が通い合っていれば、どんな修養をするよりもずっと心が整えられるというのです。官僚を経験し、道教や仏教を修した洪自誠の言葉だけに重みが感じられます。

仕事にのめり込んで会社中心に生きる人は、自分では家族のために犠牲的に働いたつもりでも、家族には「家庭を顧みない自分勝手な人」だと思われてしまいがちなことに気をつけるべきです。たとえば仕事人間の夫が「今までは子育てなどを任せ切っていたが、子供も手を離れ、自分も定年。これからは夫婦で旅行を」と思っているのに、妻からは熟年離婚を切り出されるといったケースも少なくないようです。

そんな悲劇を避けるためにも、仕事と家庭のバランスを取ることが重要です。

original

家庭に個の真仏《しんぶつ》あり、日用に種の真道《しんどう》あり。人よく誠心和気《わき》、愉色《ゆしょく》婉言《えんげん》もて、父母兄弟の間をして、形骸両《ふた》つながら釈《と》け、意気こもごも流れしめば、調息観心に勝《まさ》ること万倍なり。

（前集二一）

68

# 家人を叱る時は
# 友人を叱る時より
# 言葉を選びなさい。

『菜根譚』には家における人間関係に関する記述がいくつも登場します。当時の家は、祖父母や、時には親戚などを含む大人数だったため、家を治める力があるかどうかは地域における地位や立場、仕事にも影響する重要課題だったのです。

たとえば家族に過失があった場合の対処法については、こう説いています。「身内の者に過失があった場合、むやみに怒ってはよくないし、また軽く見て打ち棄《す》てておくのもよくない。もしそれが、あからさまに言いにくいことであれば、他のことにかこつけて遠回しにほのめかすようにすればよい。今日気がつかないなら、他日を待って諭すようにするがよい」

こう続けています。「春風が凍りついた地面を解かすように、また、暖気が氷を消すようにしてこそ、初めて家庭の模範といえよう」と。

前集一一三では、友人や仲間が過失を犯した場合には、ぐずぐずと見逃すことなく、できるだけ早く忠告するように説いていますが、相手が家族となると、落ち着いて時間をかけて対処するように説いているわけです。身内はなんでも言い合える代わりに、関係が一度崩れると、「骨肉の争い」になる危険があります。身内と友人のそういった違いを踏まえ、「人を見て法を説け」的な対処を勧めているのです。

original

家人、過《あやまち》あらば、宜《よろ》しく暴怒すべからず、宜しく軽棄すべからず。此《こ》の事言い難くば、他の事を借りて隠《いん》にこれを諷《ふう》せよ。今日《こんにち》悟らざれば、来日《らいじつ》を俟《ま》ちて再びこれを警《いまし》めよ。

（前集九六）

69

# レクリエーションをリ・クリエーション（再創造）と考える。

多趣味で知られる経営者が「定年になったら趣味を始めよう、という考えは捨てるべきだ」と話していました。時間を上手に使えば仕事と趣味の両立は十分に可能であり、両立は家庭生活にもよい影響を及ぼし、人生後半の充実にもつながるというのです。

『菜根譚』も、趣味は人生を豊かにすると、概略このように推奨しています。「山深く林静かな所などを逍遥《しょうよう》すると、俗塵に汚れた心も洗い流される。また、詩書や絵画を楽しんでいると、身に染みついた俗気も消え去る」（後集四五）、「茶は極上品を求めなくともよいが、茶壺《ちゃつぼ》には茶の葉が絶えないようにし、酒は極上品を求めなくともよいが、酒樽《さかだる》には常に酒が絶えないようにしておく」（後集一三四）、「花や竹を植えたり、鶴《つる》と遊び魚を見るにつけても、心に悟るところがなくてはならぬ」（後集一二五）。

そして本項の後集一一八では、多忙に流されずに心を洗練させよと、こう勧めています。

「人生は暇がありすぎると、かえって雑念がひそかに起こるものであり、あまり忙しすぎると、かえって本性がなかなか現れてこないものだ。そこで君子たるものは、身心を労して精進せねばという終身の憂いを持たねばならないが、同時に、風流の趣を理解し楽しむことを心がけねばならぬ」

original

人生太《はなは》だ閒《かん》なれば、則《すなわ》ち別念竊《ひそか》に生じ、太だ忙《ぼう》なれば、則ち真性《しんせい》現れず。故《ゆえ》に士君子《しくんし》は、身心の憂いを抱かざるべからず、また風月の趣《おもむき》に耽《ふけ》らざるべからず。

（後集一一八）

# 利得の人より有徳の人になれ

70

# 徳があれば
# 赤貧も清貧となり、
# 不徳であれば
# 財力も罪悪と化す。

何年か前に「九九対一」が話題になりました。九九％の持たざる者と一％の持てる者の格差の是正を求める怒りの言葉でした。一％の人々が「持てる者の義務」を果たさないどころか、マネーゲームによって格差が広がり続けていることを民衆が糾弾《きゅうだん》したのです。

明代も同様だったようです。持てる者の傲慢を、『菜根譚』は「天は一人を選んで知恵を授けて賢者とし、多くの愚者を教え諭させようとしたのに、世に出ると天の意図とは反対に、その知恵をかざして人の短所のあら探しをする」と批判し、こう続けています。

「また、天は一人を選んで財貨を授けて富者とし、多くの貧者を救い助けさせようとしたのに、世に出ると天の意図とは反対に、その財貨を頼みとして人の貧困をあなどり苦しめている。こういう連中こそ、本当に天の罰を受けるべき罪人である」

富や権力、才能などに恵まれた人は、それを自分の欲得のためだけに使わず、世のため人のために役立てる義務を負っているのです。

中国では古くから「徳」を重視しています。徳とは、倫理的には正しい言動を、政治的には民衆への恩恵を指します。獣《けもの》とは違う「人間らしさの発露」ともいえるでしょう。持てる者の義務を果たすことも徳の一つ。富者や権力者ほど私心をなくし、世のためを考える必要があるのです。

original

天は一人を富まして、
以《もっ》て衆人の
困《こん》を済《すく》えども、
世は反《かえ》って
有するところを挟《さしはさ》んで、
以て人の貧を淩《しの》ぐ。
真に天の戮民《りくみん》なるかな。
（前集二一五）

71

# 利得の人でなく、有徳の人であれ。

富や名誉は、徳望によって得られたものか、事業の成功や権力によって得たものかで差があるものです。その差は大きいと『菜根譚』はこう説いています。

「富貴や名誉も、徳望によって得たものは、たとえば自然の野山に咲く花のようで、ひとりでに枝葉が伸び広がり、十分に茂ってゆくものである」

こう続いています。「(これに対して)、事業の功績によって得たものは、たとえば人工の鉢植えや花壇の花のようで、移し替えたり、捨てたりまた植えたりされるものである。もし権力によって得たものであれば、たとえば花瓶に差した切り花のようで、その根がないのだから、しぼむのはたちどころの間である」と。

『菜根譚』は富や名誉を否定しているわけではありません。大切なのは、それに「徳」や「社会からの尊敬」があるかどうかです。

パナソニック(当時は松下電器産業)が急成長していた頃、「会社をどこまで大きくしたいか」と聞かれ、松下幸之助氏は「答えは、私たちの働きの態度を見て、社会がこれを決めてくれるのです」と答えたそうです。

トヨタ社長だった奥田碩《ひろし》氏は、就任した際、一兆円の利益を上げながら、世間から尊敬され、模範とされる「社徳」のある企業を目標にしました。

企業も人も、徳があってこそ伸び続けられるのです。

original

富貴名誉の、
道徳より
来たるものは、
山林中の花の如《ごと》し。
自らこれ
舒徐繁衍《じょじょはんえん》す。

(前集五九)

72

# 悪を
# 知らない人より、
# 悪に
# 染まらない人を
# ベストとする。

徳を保ち高めていくためには、まず不徳を遠ざけることが大切です。しかし、それだけだと清濁併せ呑む度量を養えなくなる恐れもあり、俗世の中では非現実的な面もあります。『菜根譚』はこう説いています。

「権勢名利や豪奢華美のたぐいに、近づかないように心がける者は潔白な人である。しかしそれらに近づいていても、その悪習に感染しない者こそ、最も潔白な人である」

こう続けています。「権謀術数《けんぼうじゅっすう》のたぐいをまったく知らない者は高尚な人である。しかしそれを知っていても自分では用いない者こそ、最も高尚な人物である」と。

連想されるのが、十八代目中村勘三郎氏の話です。彼は若い頃、劇作家・唐十郎《からじゅうろう》氏の先鋭的な芝居に感化され、新しい歌舞伎をやりたいと父の十七代目勘三郎に話しましたが、「百回稽古《けいこ》しろ」と一喝されます。十七代目は、挑戦するにはまず自分の形を確立することが必要だと考えたのです。

以来、十八代目は「形を持つ人が形を破るのが型破り。形がないのに破れば形無《な》し」という言葉を胸に精進、形をつくった後で「平成中村座」などの試みに挑戦、成功を収めたのでした。

自分の形を知らずに挑戦しても、なんらかの成功はしたかもしれません。しかし、形を知っていて、それを用いない芝居をすることで、成功はより大きくなったのでした。徳を高める場合にも、同じようなことがいえるのです。

original

勢利紛華《せいりふんか》は、
近づかざる者を
潔《きよ》しとなし、
これに近づきて
而《しか》も染まざる者を
尤《もっと》も潔しとなす。

（前集四）

73

目的が小さいと、
何をしても
大成しにくい。

有徳の人物は、何をする場合でも「世のため人のため」「人格の修養のため」といった高い目的を掲げるものです。逆にいえば、目的が小さければ、何をしても大成はしにくいのです。『菜根譚』はこう説いています。

「古人の書物を読んでも、字句の解釈だけで聖賢の心に触れなければ、それでは文字の奴隷となるに過ぎない。また、事業を起こしても、自分の利益だけを計って後々《のちのち》のために徳を植え育てておくことを考えなければ、それでは目先だけの花となるに過ぎない」

さらにこうも言っています。「また、官位にあっても、俸給を貪るだけで人民を思い愛さなければ、それでは禄盗人《ろくぬすびと》となるに過ぎない。また、学問を講じても、高遠な理屈を説くだけで実践躬行《きゅうこう》することを尊重しなければ、それでは口先だけの禅となるに過ぎない」と。

学問や事業、政治や教育を志す人に、「目的は何か」「本来の目的を見失っていないか」と真正面から問いかける言葉です。

知識を身につけても、人格の成長がなければ賢人にはなれません。起業して成功したところで、ユーザー軽視の利益第一主義では、やがて消え去るでしょう。もちろん「人格など関係ない」「ユーザー無視で何が悪い」とまで思っている人は少ないでしょうが、実際にそう振る舞っている人は多いものです。目的に立ち返って自分を顧みることが大事です。

original

書を読みて聖賢を見ざれば、鉛槧《えんざん》の傭《よう》となる。（中略）業を立てて種穂を思わざれば、眼前の花となる。
（前集五六）

74

# 長い目で見れば、人間は才能ではなく人格で査定される。

『菜根譚』は才能と人格を対比させて、人格の劣る人が才能を持つことの危うさを、こう説いています。

「人格が才能の主人で、才能は人格の召使いである。才能だけがあって人格の劣ったものは、家に主人がいなくて、召使いが勝手気ままに振る舞うようなものである。どんなにか、もののけが現れて、暴れまわらないことがあろうか」

どれほどの才能があっても、人格的に未熟では、できることは限られ、役に立つ仕事もできません。才能を活かすには人格力が欠かせないのです。才能と人格を同時に磨いてこそ、大きく成長できるし、成果も手にできるのだといえます。

original

徳は才の主にして、
才は徳の奴《ど》なり。
才ありて徳なきは、
家に主なくして
奴の事を用うるが如し。
幾何《いくばく》か魍魎《もうりょう》にして
猖狂《しょうきょう》せざらん。

（前集一三九）

「この世界では才能さえも落し穴となり得る」とは、サッカー指導者アーセン・ベンゲルの言葉です。

サッカーの世界には、若くしてずば抜けた才能を発揮する選手がいます。ベンゲルの特徴は長所を伸ばすことで選手を育てることにありますが、長所を探すまでもないほど圧倒的な才能を見せる選手もいるのです。ところが、才能あふれるためにかえって努力を怠ったり、天狗になって生活が乱れて伸びない場合もあるそうです。一方、才能は劣るものの懸命に努力して成功する選手もいます。才能は時に落とし穴になり、逆に非才が努力と成功の原動力となることがあるのです。

75

徳とは何か。
見返りを求めない
心である。

心からの行為と、売名行為や見返りを期待した計算ずくの行為を『菜根譚』は、はっきり区別してこう説いています。

「人に恩恵を施す者は、心の中に施す自分を意識せず、施される相手の感謝を期待しないようであれば、たとえわずかな恩恵を施しても莫大な恩恵に値するものである。（これに反して）、人に利益を与える者は、自分の与えた利益を計り、その報いを要求する心を起こすようであれば、たとえ莫大な大金を与えたとしても、ビタ一文にも価《あたい》しないものである」

連想されるのが、日立製作所創業者・小《お》平《だいら》浪《なみ》平《へい》氏の言葉です。小平氏は社員との関係を大切にしたことで知られていますが、こんな言葉を口にしています。

「人を世話するなら何度までも徹底的に気持ちよくしなくてはだめだ。中途半端だったり、飼い犬に手を噛まれたなどの泣き言を言うくらいなら初めから世話せぬがよい。見栄では世話はできぬ。世話することが好きで道楽でなくてはできぬものだ」

世話や支援は、感謝や見返り抜きの「道楽」であるべきだというのは至言です。

ボランティアや寄付にしても、相手からの賞讃や感謝を求めたとたん、行為から徳が失われてしまうことに、よくよく注意をしなければなりません。

original

恩を施す者は、内に己《おのれ》を見ず、外に人を見ざれば、即《すなわ》ち斗粟《とぞく》も万鐘《ばんしょう》の恵みに当たるべし。物を利する者は、己の施《し》を計り、人の報《ほう》を責むれば、百鎰《ひゃくいつ》と雖《いえど》も一《いち》文《もん》の功を成し難し。

（前集五二）

76

# 時を待つことは
# 徳の一つである。

善行を積んでも、何がどう変わったのかまったく見えないことがあります。努力を積み重ねても、結果が出にくいこともあります。今日やったことが明日すぐに結実するなら、これほど楽しいことはありませんし、誰だって今日を頑張ろうとしますが、そうはいかないのが世の常です。

こうした苦労は多くの先人が通ってきた道です。『菜根譚』はこう説いています。

「善行を積んでその善の報いが目に見えなくとも、たとえば草むらの『冬瓜《とうが》』のように人知れず生長して、その善の報いが現れて、我が身を育てるものである。また、悪事を重ねてその悪の報いが目に見えなくとも、たとえば庭先に積もった春の雪のようにたちまち消えて、その悪の報いが現れて我が身を滅ぼすものである」

善行や善意、自己修練は短時間で結果が出るものではありません。ある程度の時間が必要なのです。一方、悪事はすぐには表に出なくとも、必ず露見し、自分や世の中に害を与えることになります。

original

善を為《な》して其《そ》の益を見ざるも、草裡《そうり》の東瓜《とうか》の如《ごと》く、自《おのず》から応《まさ》に暗に長ずべし。悪を為して其の損を見ざるも、庭前の春雪の如く、当《まさ》に必ず潜《ひそか》に消ゆべし。

（前集一六二）

女子マラソン日本初の金メダリスト高橋尚子《なおこ》氏や、山梨学院大駅伝部を率いる上田誠仁《まさひと》氏は、よくこう言っています。「何も咲かない寒い日は下へ下へと根を伸ばせ、やがて大きな花が咲く」と。黙々と耐えて待つことも徳の一つなのです。

77

いい言葉を
手渡すことは
人の幸福を
手伝うことだ。

言葉には力があります。迷ったり、悩んだりしている時、一つの言葉に出会うことで、やるべきこと、進むべき道に気づくことがあります。洪自誠は官職を退いた後、おそらくは故郷で『菜根譚』を書き上げたはずですが、その理由の一つは「言葉の力を信じていた」からではないでしょうか。こう説いています。

「士君子《しくんし》は、とかく貧乏で物質的な面で救うてやることはできないが、しかし愚かで迷っている人に会った時には、ただの一言でその迷いから目を覚まさせ、また、危難に苦しんでいる人に会った時には、ただの一言でその苦しみから救ってやれる。このように精神的な面で救うてやることができるので、これもまた計り知れないほどの功徳である」

original

士君子《しくんし》は貧にして物を済《すく》うこと能《あた》わざる者なるも、人の癡迷《ちめい》の処に遇《あ》いては、一言を出だしてこれを提醒《ていせい》し、人の急難の処に遇いては、一言を出だしてこれを解救す。

（前集一四二）

中国で木版印刷技術が発明されたのは古く、唐代（六一八～九〇七）末期ですが、広く大衆レベルに浸透したのは時代が下った明代といわれています。『三国志演義』『水滸伝《すいこでん》』『西遊記』といった本を庶民が楽しむようになったこの時代に『菜根譚』も出版されました。すぐにベストセラーになったわけではありませんが、明代に書かれた本が約四百年後の日本で多くの生き方に影響を与えているのは凄いことです。時を超える言葉の力に思いを致しながら読むのも『菜根譚』の楽しみ方の一つかもしれません。

# 参考文献

本書の書き下し文と訳文は、今井宇三郎博士訳注の『菜根譚』（岩波文庫）から引用させていただきました。筑波大学教授であった今井博士は『易経』の専門家ですが、『菜根譚』の注釈でも令名高く、本書で興味を持った読者は、ぜひ一読されることをお勧めします。なお、訳文の文字遣いについては本文と統一させていただきました。

また、次の書籍からも多くの貴重な示唆をいただいたことを記してお礼申しあげます。

『スノーボール　ウォーレン・バフェット伝』アリス・シュローダー　伏見威蕃訳　日本経済新聞出版社／『稲盛和夫の「仕事学」』稲盛和夫　三笠書房／『1分間松下幸之助』小田全宏　SBクリエイティブ／『落合博満　バッティングの理屈』落合博満　ダイヤモンド社／『技術王国日立をつくった男』加藤勝美　PHP研究所／『世界の大富豪が実践している成功の哲学』桑原晃弥　PHP研究所／『キヤノンの仕事術』酒巻久、祥伝社黄金文庫／『椅子とパソコンをなくせば会社は伸びる！』酒巻久、祥伝社黄金文庫／『異形の将軍』津本陽　幻冬舎文庫／『D・カーネギー　人を動かす』D・カーネギー　山口博訳　創元社／『エジソン　20世紀を発明した男』ニール・ボールドウィン　椿正晴訳　三田出版会／『現代語訳　武士道』新渡戸稲造　ちくま新書／『人間発見　私の経営哲学』日本経済新聞社編　日経ビジネス人文庫／『トヨタ生産方式を創った男』野口恒　CCCメディアハウス／『トヨタ経営語録　常に時流に先んずべし』PHP研究所編　PHP研究所／『プロフェッショナルの条件』P・F・ドラッカー　上田惇生訳　ダイヤモンド社／『賢明なる投資家』ベンジャミン・グレアム　土光篤洋、増沢和美、新見美葉訳　パンローリング／『世界の名将　決定的名言』松村劭　PHP文庫／『なぜトヨタは人を育てるのがうまいのか』若松義人　PHP新書

著者略歴

**洪 自誠**（こう・じせい）

中国明代の著作家。本名は洪応明。
詳しい経歴は不明であるが、
万暦年間（1573－1620）の人物とされる。
儒教・仏教・道教の三教を融合した『菜根譚』、
古典から逸話を集めて編纂した『仙仏奇蹤』
などの著作で知られる。
若くして科挙に合格、官僚となるも途中で退き、
道教と仏教の研究に勤しんだとされる。

監修者略歴

**齋藤 孝**（さいとう・たかし）

1960年静岡県生まれ。東京大学法学部卒業。
同大学院教育学研究科博士課程等を経て、
明治大学文学部教授。専門は教育学、身体論、
コミュニケーション論。『身体感覚を取り戻す』
（NHK出版）で新潮学芸賞、日本語ブームを作った
『声に出して読みたい日本語』（草思社）で
毎日出版文化賞特別賞。
著書に『語彙力こそが教養である』（KADOKAWA）、
『知性の磨き方』『悔いのない人生』
『大人の語彙力ノート』（小社）など多数。
NHK Eテレ「にほんごであそぼ」総合指導。

# 1分《ぷん》間《かん》菜《さい》根《こん》譚《たん》

2018年9月30日　初版第1刷発行

監 修 者　齋藤 孝

発 行 者　小川 淳
発 行 所　SBクリエイティブ株式会社
〒106-0032　東京都港区六本木2-4-5
電話：03-5549-1201（営業部）

装　　丁　寄藤文平＋吉田考宏（文平銀座）
執筆協力　桑原晃弥
編集協力　吉田 宏（アールズ）
本文DTP　米山雄基
校　　正　新田光敏
編集担当　木村 文
印　　刷　株式会社シナノ パブリッシング プレス

落丁本、乱丁本は小社営業部にてお取り替えいたします。
定価はカバーに記載されております。本書の内容に関するご質問等は、
小社学芸書籍編集部まで必ず書面にてご連絡いただきますようお願いいたします。


ISBN 978-4-7973-9743-7